背包客

自助游圣经

【英】休·麦克曼纳斯/著
陈嫔荣/译

浙江科学技术出版社

A Dorling Kindersley Book
www.dk.com

图书在版编目（CIP）数据

背包客 /（英）麦克曼纳斯著；
陈嫔荣译．—— 杭州：
浙江科学技术出版社，2010.5
ISBN 978-7-5341-3821-8
Ⅰ．①背… Ⅱ．①麦… ②陈…
Ⅲ．①旅游－基本知识 Ⅳ．①G895
中国版本图书馆CIP数据核字
（2010）第070845号

原书名：
THE BACKPACKERS HANDBOOK

背包客
THE BACKPACKER'S HANDBOOK
原著：（英）休·麦克曼纳斯
翻译：陈嫔荣
责任编辑：宋东 王巧玲

浙江科学技术出版社出版、发行
地址：杭州市体育场路347号
邮政编码：310006
联系电话：0571-85170300-61704
E-mail：sd@zkpress.com
*
印刷：北京盛通印刷股份有限公司
经销：全国各地新华书店
开本：889×1194　1/32
印张：5　　字数：10千
2010年6月第1版　2011年8月第4次
印数：20001－25000册
ISBN 978-7-5341-3821-8
定价：29.80元

目　次

3
在旅途中

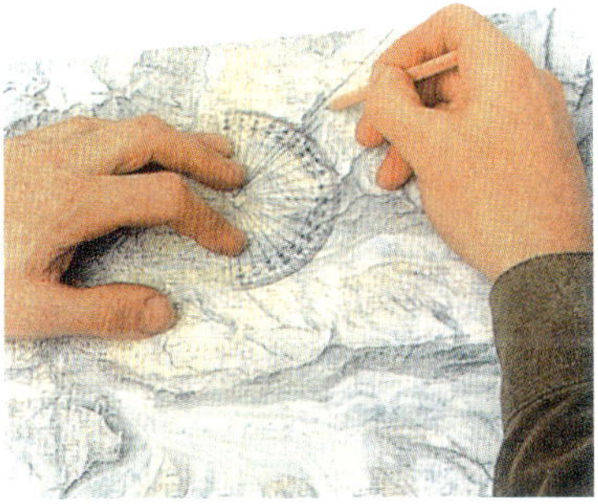

4
野外宿营

5
紧急措施

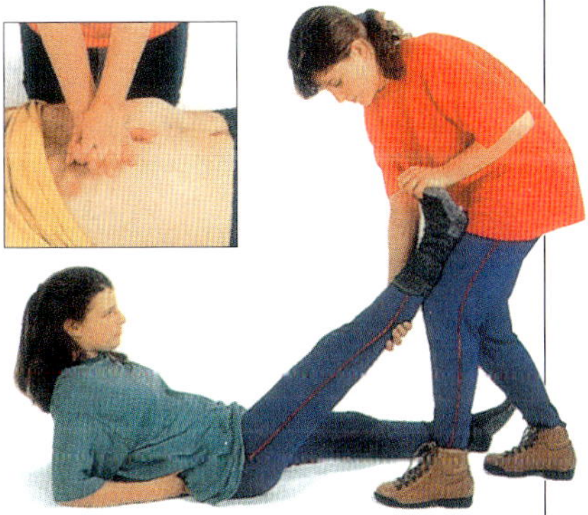

引 言

在丛林中
在远离公路的丛林中行走。

与其他旅游方式相比，准备充分的背包旅行总是能让旅行者享受最大的自由，这也正是它最诱惑人的地方。包囊里备有所有必需品，旅行者就可以行动自如，不必再为食宿操心了。背包旅行者享受着自给自足的快乐，不论是穿越丛林，攀爬峭壁，还是拍摄野生动物，进行环球旅行，他们都可以自如地应付旅途中各种突发事件。

开阔眼界

选择轻巧实用的旅行用品，确保身体活动不受负重的影响。因为所有必需品都在肩上的背囊里，背包旅行者在行走方式上就有了多种选择，甚至可以选择骑车旅行或划船旅行。背包旅行者的旅途是惊险而刺激的，你可以孤身进入荒野之地，无需他人相助就能走出绝境，安然脱险。与普通旅游者相比，背包者，包括那些有特殊爱好（如钓鱼、攀岩、洞穴探险，甚至滑翔）的人，具有更开阔的眼界，他们所看到的风景与众不同。

在自行车上
如果路好，可以用驮筐替代背包。

合适的装备

背包旅行用品一般都比较贵，而且很难挑选。利用现代科技生产的野营设备具有质量轻、保暖、舒适、易干等特点。然而，应该注意的是：那些家用小玩意，虽然推销员声称它们会使旅途生活像家庭生活一样舒适，但最好别买，因为它们虽然不重，但数量多的话，同样会加重负担。本书将教你如何临时准备旅行必需品。

高山之上

登山人员务必将所有重要器具和装备带在背囊里。

背包族

不管你是去冒险还是去观光，你都必须制定具体的旅行路线，并了解旅行应该携带的必需品。携带的物品必须在你的体力范围之内，而且，那些重要的物品必须放在便于拿取的地方。每一个旅行者必须知道如何寻求保护，如何获取食物和水，如何利用指南针和地图定向定位，如何应付各种气候和各种地形。或许你并没打算要过沙漠、穿丛林，但有时你不得不面对这样的现实。而有时天气突变，你又不得不马上离开。

在冰雪地上

在冰雪地里，背包族也能搭起帐篷。

紧急措施

背包旅行具有冒险性，存在一定风险。本书介绍了应付各种困境的办法，以及一些急救措施。

参观纪念碑

并非所有的人都能一睹古老建筑的风采，但勇敢的背包族可以。

单独行动

背包族的独立意识强，并能自如地应付各种突发事件。随机应变的你将觉得旅行生活比居家生活更有趣。

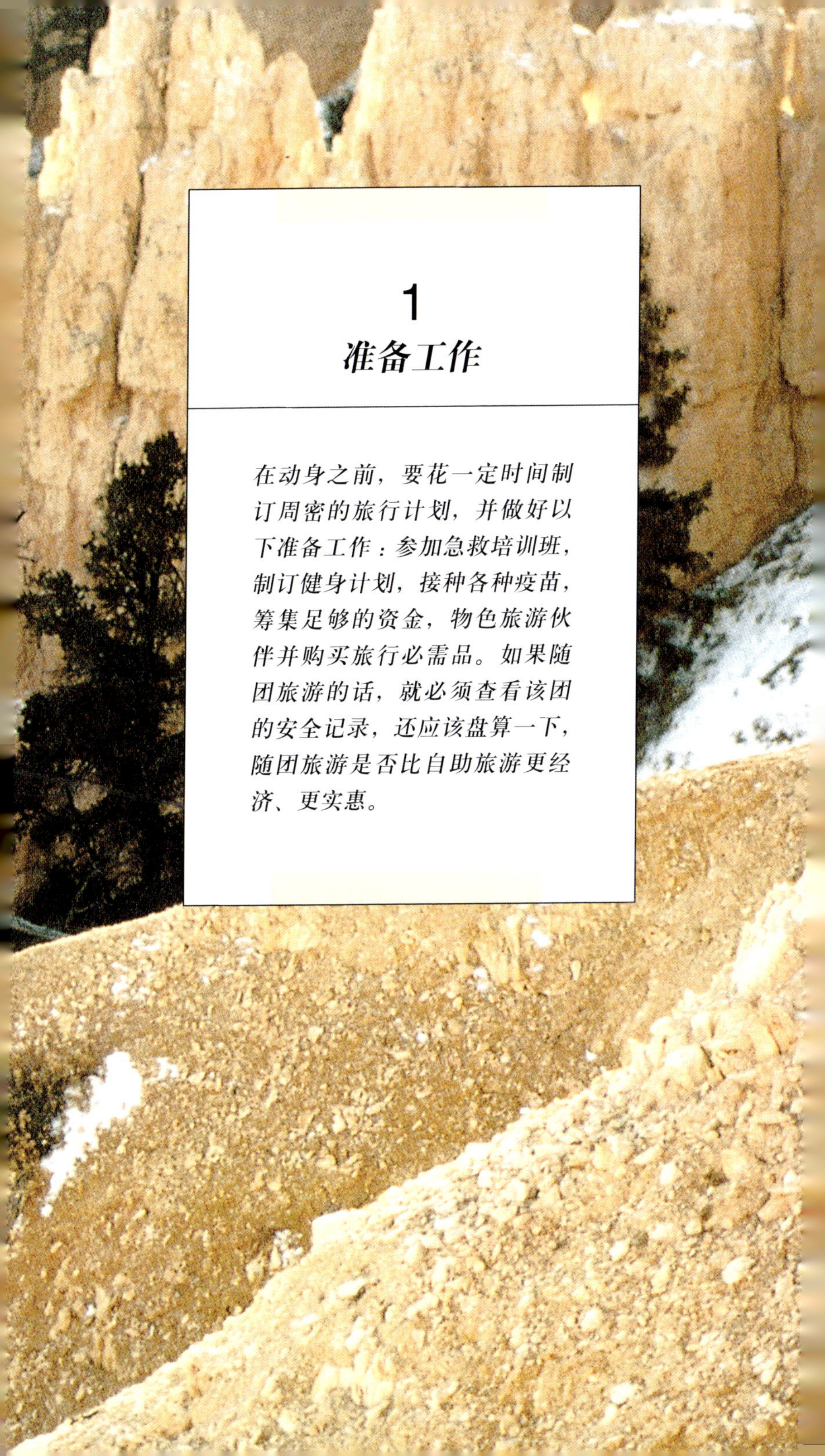

1
准备工作

在动身之前，要花一定时间制订周密的旅行计划，并做好以下准备工作：参加急救培训班，制订健身计划，接种各种疫苗，筹集足够的资金，物色旅游伙伴并购买旅行必需品。如果随团旅游的话，就必须查看该团的安全记录，还应该盘算一下，随团旅游是否比自助旅游更经济、更实惠。

首要事项

制订旅行计划应越早越好。在旅行之前应安排好手头工作，避免时间上的冲突。同时，要预留足够的时间来办理护照、签证等。

证件

有些地方不要求办理护照或签证。但有些地方却要求严格，手续繁多。办理证件时，可能需要以下资料：介绍信、一定尺寸的照片、出生证明、接种证明、财产或职业状况证明、回程机票等。办理这些证件往往要花很长时间。申请前，应该弄清楚旅行所需的证件以及办理这些证件所需的时间。有些国家要求本人亲自去其大使馆办证。总之，在出发前必须备齐所有证件。

机票

包括各等级的标准票（头等票、商务票和普通票）、优惠票（须提前预订并且不能退票）以及包机票。另外，还有可以中途停留的环球机票。包机一般都比较拥挤，易晚点，或起降时间不合适，但价格比较便宜。如果身边行李多又想省钱，你可以购买允许携带重物的机票。

外汇

由于外汇存在黑市交易，因此，一些国家要求你通过正规渠道兑换外汇并出示兑换证明。同样，某些商品在各国间存在差价，一些国家为防止过境游客从事投机买卖，在其离境时，要求出示旅途中未进行交易的证明。因此旅行者应将随身所带物品列一清单，按顺序编号，注明购买时间、地点以及价格，并由本国海关签字证明。这些证件有助于回答外国海关验关时的质疑，有助于处理偷窃事件或保险索赔。

医疗

在动身前应接种疫苗，接种的种类因地而异，注射疗程通常为几个星期。同时必须进行口腔检查。并且不要忘了办理相应的医疗保险，因为在外国治病一般都比较贵。重病须回国治疗时，医疗费更加昂贵。办理医疗险历时长且需要进行体格检查，假期险则很容易办理。

健康训练

锻炼可以增强人的体质。背包旅行需要消耗大量的体力，因此，在动身前须进行锻炼。长期从事办公室工作的人，不宜马上进行背包旅行。须先锻炼身体，再练习穿靴走路，背负重物。锻炼应循序渐进，时间至少为三个月。急于求成不但损害身体，也会把旅行搞糟。锻炼还便于知晓自己的体力极限，从而了解自己的体能状况。

户外衣着

旅行服和旅行靴可根据旅行地的气候和地形来选择，还可以向有旅行经验的人请教。内衣裤最好在正规的服装店购买，风衣和雨衣、雨靴、轻便的丛林服或晚上在沙漠里穿的保暖衣，价格都很贵，最好去专业用品店购买。旅行靴应提前几个月购买，并在旅行前试穿。

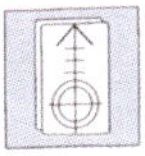

定向用品

偏远地区的地图很少见，应早做准备。出于安全考虑，一些国家严格控制地图的发放，有的国家只有过期的地图。遇到合适的地图就要尽早买下，因为旅行地有时买不到地图。购买森林指南针，在居住地附近进行定向练习，熟练掌握指南针的用法。如果旅行地离公路较远，还可以购买棱镜罗盘（见第 91 页）。

露营用具

先借别人的露营用具试用，然后再决定到底该买哪些东西。把商店里所有与露营有关的用具一一过目，根据营业员的介绍以及自己的经验挑选合适的用具。在季末打折时，可以买到质量好又便宜的露营用具。记住：飞机上不能携带燃料，因此，购买野外炉具时应选择在目的地能买到燃料的那种。

旅行团

如果背包旅行团的每一个成员都有自己的特长，可以互相帮助，那是最好不过的了。队员介绍应详细地列出每个队员的特长和爱好。这样不仅能把队员团结起来，还可以在急救、登山、旅游用具、照相及其他方面做到资源与经验共享。和陌生人结伴旅游是不明智的，在关键时刻，陌生人往往不可靠，旅途中你也会觉得孤单寂寞。如果你已经和陌生人结团旅行，就应尽早和他们交谈、沟通。

旅行地的选择

只有在出发前对旅行地进行了全面的调查并有明确的旅行目的，旅行才能达到预期的效果。只有带足了必需品，背包旅行才可以让你获得最大的自由。有了明确的活动内容，你就可以开始寻找最佳的活动地点。

雪地跋涉

一些滑雪胜地规划良好，有雪道、滑雪用具和导游。而某些地方只能完全靠自己了。

徒步峡谷

在一个风景怡人的地区徒步行走会觉得很惬意。出发前，找去过该地的人听取意见。因为即使是随团旅游，导游也会有弄不清路线的时候。因此，应该完整详细地了解旅行计划，在没有把握时，放弃该计划。

水上探险

一些国家有良好的水上探险设施。出发前要全面检查船只、装备及救生衣。

攀岩

背着沉重的背包进行攀岩十分费力。因此出发前应进行大量练习，学习使用各种应急设施。

翻越山脉

查找山脉的有关图片。谨防高原反应，旅行用品要随身携带。

骑车登山

在一些权威出版物上，可以了解到哪些路线便于骑车旅行，哪些路线禁止骑车登山。

岛屿旅行

乘船进行岛屿旅行最适宜于背包族。但应带上淡水和防风衣物。

登山运动

喜马拉雅山脉的某些地方可以提供良好的登山设施。但去的人多，有时很拥挤。

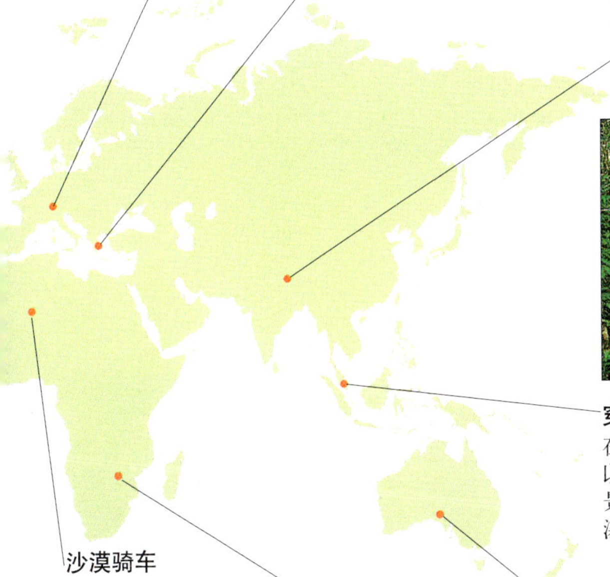

穿越丛林

在热带雨林行走，可以欣赏到美丽的风景，看到珍禽异兽、瀑布和泉水。

沙漠骑车

沙漠荒无人烟，旅行者应提前掌握大量资料，准备好旅游用具，并找当地居民了解情况。能否在沙漠里找到水源是沙漠旅行成功与否的关键因素。因此，在水源之间跋涉时不要采取任何冒险行动。

过草地

春天是进行草地旅行的最佳季节，但随着时间推移，温度逐渐升高，进入季风时期，草原旅行会变得困难重重，甚至无法进行。

骑骆驼

这是一种独特的旅行方式，许多人（澳大利亚人除外）得知可以骑骆驼游沙漠时都觉得很惊奇。

旅行时机

虽然具体的旅行时间往往由个人自主决定，但也应当注意旅行地的时事变化，并了解当地的气候、文化背景以及政治形势等。

气候因素

一般只需关注目的地在你旅行期间的温度变化（白天和黑夜）和雨水情况，对某些特定地区，还应了解其具体的气候变化情况。

雨季

南风带来长时间的降雨和潮湿的季风气候。西南季风从非洲半岛一直刮到印度和赤道附近的东南亚地区；东南季风从南大西洋刮来，由西北方向进入亚洲。

多风季节

台风和飓风是从赤道南北地区吹来的循环风。夏季台风多出现在大西洋和中国海，而冬季飓风则主要出现在加勒比海和墨西哥海湾。

可见性

季风过后天气一般会好转，并持续好几个月。这一段时间是旅行摄影的最佳时机。

海拔

在炎炎夏日，高空空气稀薄，太阳直射，空气干燥，容易导致人体脱水。如果你有心脏或呼吸道方面的疾病，最好选择冬季旅行，并避免乘飞机前往高海拔地区。

自然美景

到一个国家旅行，最好选择该国的一些特殊的或美好有趣的日子出门，此时，当地人通常会热情接待来访的客人。

秋色怡人
美国东北地区以美丽的秋叶闻名。但是，由于前去观赏的人太多，住宿和其他设施可能供应不足。

山花烂漫
与白雪皑皑的世界相比，刚刚修整过的草坪和烂漫开放的山花能带来更多感官上的享受。夏天上山游玩时，还可以乘坐架空滑车。

动物迁徙
观看动物迁徙的壮观场面可能是背包旅行中最精彩的时刻，但兽群大规模迁徙时，旅行者最好坐在车内观看。

社会因素

预订机票前，应先了解旅行地的时事。应避免去战火纷飞的国家旅行，而正在举行庆典活动的国家则欢迎旅游者前往。

宗教
一些宗教活动，如穆斯林国家的斋月，不仅要求信仰者吃斋，同时，也会要求旅游者进行斋戒。

内战
如果想去旅行的国家正发生内战，千万不要冒险前往。因为随时有被当做人质或被抓的危险。

节日
在重大节日里前往旅游是件很惬意的事，但旅游费用比平时要高，而且食宿也是问题。

保持健康

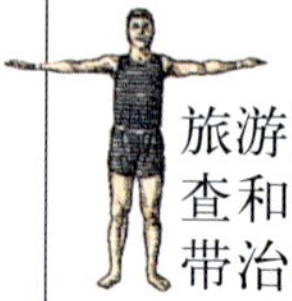

旅游期间，保持身体健康是最主要的。动身前，应做口腔检查和体格检查；检查接种疫苗是否有效；参加急救培训班；携带治疗小病的急救箱。

标准急救箱

在旅途中，采取适当的急救措施能挽救生命、稳定病情。急救箱里须有安全别针，以固定衣物和急救绷带。

绉丝绷带　纱布绷带　纱布敷料

绷带
可以利用绷带捆扎衣物、包扎伤口或绑住断肢，防止再度受伤。

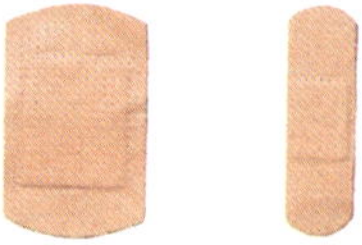

四肢用创可贴　手指或足趾用创可贴

止痛药
预备一些止痛药。

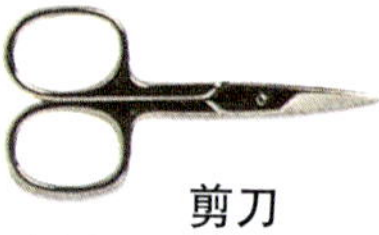

剪刀
尽量选用质量好的剪刀。

膏药
膏药能防止伤口感染。可用胶布将膏药贴于患处以防止滑落。

安全别针
可以用别针来固定绷带或作临时缝针。

抗菌剂
用消毒布清洗伤口，抗菌剂能促进伤口愈合。

消毒布　抗菌剂

三角绷带
大块绷带可当做悬带来支撑骨折的手臂。

纱布团
纱布团可以吸干伤口的血。

鸡眼帖

鸡眼帖与脚帖
鸡眼帖或脚帖可以防止水疱恶化。剪下脚帖，贴于痛处，用胶带固定。

脚帖

疫苗接种要求

在动身前三个月检查一下疫苗接种记录。一些疫苗，如MMR疫苗（即麻疹、腮腺炎和风疹），要服用相应的辅助药。不确定时，可重复接种。

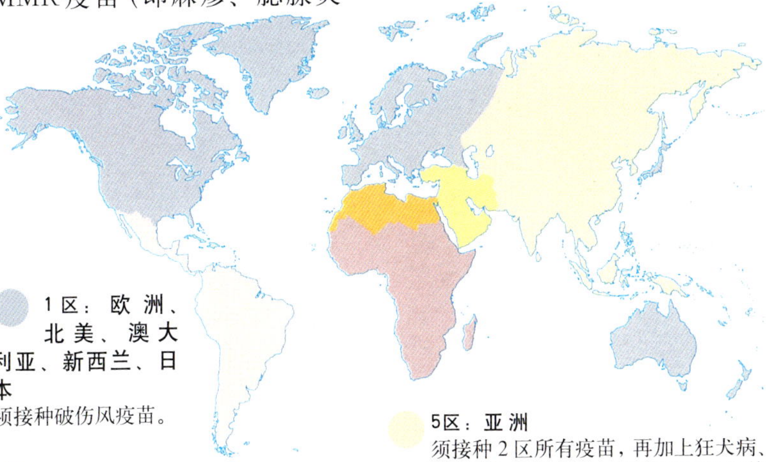

1区：欧洲、北美、澳大利亚、新西兰、日本
须接种破伤风疫苗。

2区：北非
须接种伤寒、破伤风以及脊髓灰质炎疫苗，对去地中海海岸游玩和入海游泳的人来说，接种R球蛋白疫苗可预防甲肝。

3区：非洲
须接种2区所有疫苗以及黄热病疫苗，如去乡村旅行则加种脑膜炎、狂犬病疫苗。

4区：中东
须接种2区所有疫苗以及狂犬病疫苗，去麦加的话，加种脑膜炎疫苗。

5区：亚洲
须接种2区所有疫苗，再加上狂犬病、日本乙型脑炎疫苗，去印度和尼泊尔的旅行者再接种脑膜炎疫苗。

6区：墨西哥、中美洲和南美洲
须接种2区所有疫苗，去巴拿马和亚马逊河流域的话，加种黄热病疫苗；去乡村的话，加种狂犬病疫苗。

7区：加勒比海和太平洋群岛
须接种2区所有疫苗，去海地和多米尼加共和国旅游的人，尤其应当接种。

特别提示

·随身携带疫苗接种证明，为保险起见，最好夹在护照里。

·有些国家要求旅游者出示黄热病疫苗接种国际证书，特别是那些准备进入或须经过非洲和南美洲黄热病流行区域的旅行者。旅行者应了解目的地的疫苗接种要求。

·为了防止因使用旧皮下注射针头而染上艾滋病，旅行者应随身携带消毒的针头以备用。

疟疾

在动身前两周服用抗疟药。旅行地不同，要求服用的抗疟药也不同，因此，应了解目的地所需的抗疟药。疟蚊能传播疟疾，要防止疟蚊叮咬。离开疟疾流行区后继续服用抗疟药，至少服用四周。

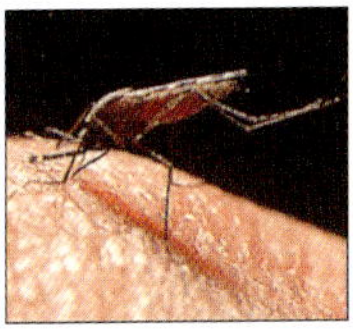

疟蚊

锻炼身体

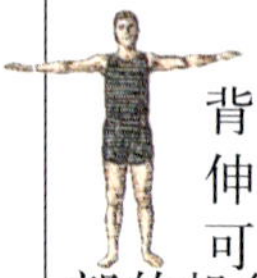

背包旅行需要健壮的体魄，因此，出发前应锻炼好身体。伸展运动有利于提高身体的柔韧性，有氧健身，如游泳，可增加心肺功能。力量训练能增强脚部、手部、肩部和背部的机能。

健康水平测试

踏板练习能测评心肺功能，同时显示体能状况。踏板高度不能超过20厘米。频率为每分钟上下24次，每次练习时间为3分钟，脚要整个踏到踏板上，另一只脚平踩在地上。休息30秒后，测量脉搏，以15秒内的脉搏次数乘以4，得出每分钟的脉搏数。将测得数据与下表数据相对照。

1 整只脚踏在踏板或踏箱上。

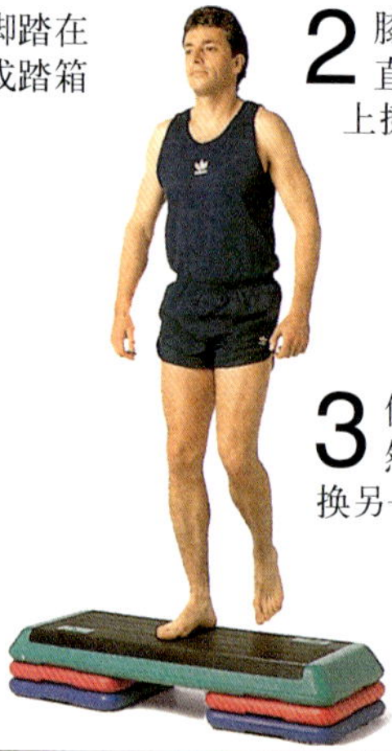

2 膝盖和腿伸直，身体向上挺。

3 保持身体平衡，然后下踏板，换另一只脚练习。

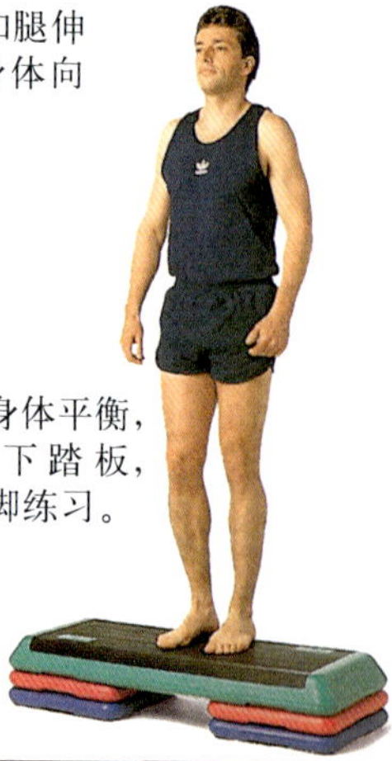

年龄	20—29岁	30—39岁	40—49岁	50以上
等级	运动后每分钟心跳次数			
男				
优秀	76次以下	80次以下	82次以下	84次以下
良好	76—85	80—87	82—89	84—91
合格	86—101	88—103	90—105	92—107
不合格	101次以上	103次以上	105次以上	107次以上
女				
优秀	86次以下	88次以下	90次以下	92次以下
良好	86—93	88—95	90—97	92—99
合格	94—110	96—112	98—114	100—116
不合格	110次以上	112次以上	114次以上	116次以上

手臂和肩部伸展运动

1 双臂向上伸展向后用力。

2 双臂前伸，再向上举，双臂夹紧耳朵。

3 单臂前伸，再向上举。换另一只手臂练习。

4 两臂轮流上举向后摆动。

扩胸运动

1 抬肘，上臂持平。

2 肘尽力往后拉，重复一次。

3 双臂伸直往后拉，上臂持平。

胸部运动

1 站立，肘部弯曲，臂上抬，肘部与下巴同高。

2 向一侧扭腰，幅度越大越好，然后重复一次。

3 扭腰时，同侧手臂伸直向后拉。

腹部运动

1 仰卧，双膝弯曲，手抱头。

2 抬肩，肘部向对侧的膝盖靠拢。

俯卧撑

1 俯卧，身体摆直，手心撑地。

2 伸直手臂，身体向上起来，保持身体挺直。

增强耐力

健康的体魄能大大减少旅途受伤的可能性。在动身前进行锻炼，不仅可以增强耐力、体力和灵敏性，还能使你了解自己的体力极限。锻炼应循序渐进，负重也应慢慢增加。

游泳

游泳能全面锻炼身体，腿部锻炼强度最大，肩部和手臂次之。在水中，身体被扭伤或受伤的可能性不大。游泳属于有氧练习，因为心肺功能不断增强，以此满足肌肉运动对氧的需求。

脚踏车

脚踏车主要用来锻炼腿部肌肉，同时增强心肺功能。脚踏车练习可作为锻炼前的热身运动，练习时间较长，一般到出汗为止，再逐步延长。

背上背包

穿上旅行靴，练习背包步行，并逐步拉长距离，慢慢增加背包重量。为避免膝部和背部受伤，最好不要背着包跑步。即使是受过专业训练的军人，在负重下坡或平地行进时，膝部和背部也有可能受伤。

力量训练

背包可能造成背部、肩部、膝盖和脚部肌肉的扭伤，影响身体平衡，使踝部和膝盖受伤。全面的力量训练能减少疲劳，保护身体。锻炼要在动身前进行。

上身

举重主要锻炼某些特定肌群，如胸部肌肉。其他肌肉如后背及手臂肌肉，也能得到适度锻炼。

手臂

屈臂练习能增加手臂和肩部的力量。制订练习计划，练习时哑铃的重量不要太大，这样，你才有体力做完整套练习。

胸部

在多功能健身器上进行练习。如左图所示的胸部运动，刚开始训练时，选择较小的重量，以调整胸部肌肉和韧带。如果重量太大，会撕裂肌肉。

腿部

先将双腿完全弯曲，选择适宜于自己的重量，以双腿能伸直为准。小腿应单独进行，这时，可稍微加大重量。练习时，脚应完全伸直。

行走练习

背着背包，穿着旅行服和旅行靴进行步行练习，先从短距离开始，当走一个下午都不觉得累时，可以开始在附近进行定向练习。

出发

国际间的长途飞行会令人疲劳、紧张。抵达飞机场后，离真正的目的地可能还有一段很长的路程。须注意的几点事项：提前到达飞机场；选几本好书带上，可使旅途变得轻松一些；带上足够的外汇现金，一下飞机即可在机场进行消费。

克服时差反应

跨时区飞行会破坏原有的睡眠规律，特别是由东往西飞时，时间提前。而跨越日界线时，日子提前或推延了一天。

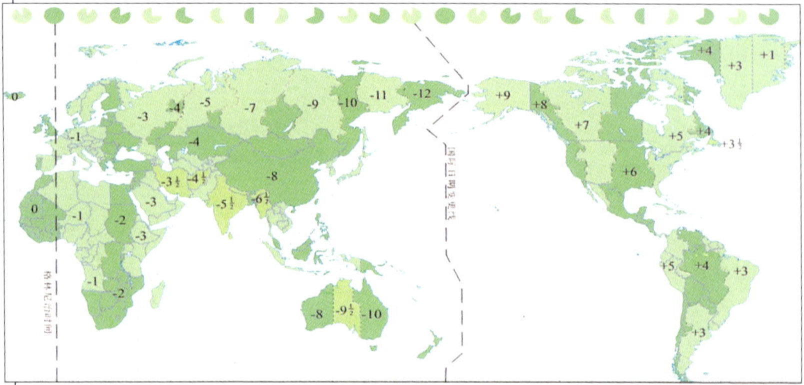

跨越时区

上图标出了当英国格林尼治时间为正午12点时世界各地的当地时间。地图上方的标记表示各时区在时间上的变化：由伦敦向西飞往日界线时，跨越一个时区，时间就提前一个小时；向东飞往日界线时，时间就推后一个小时。数字表示每个时区与格林尼治时间的时间差。

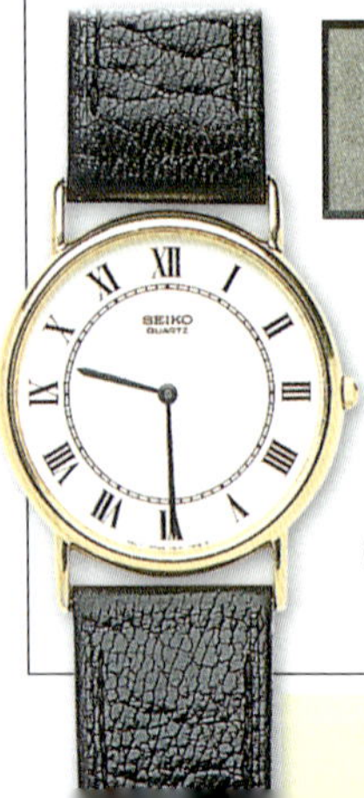

对表

飞机一起飞，机场时间（上图）就不再作为参照。应按目的地的时间作为时间参照，并将手表（左图）调好。

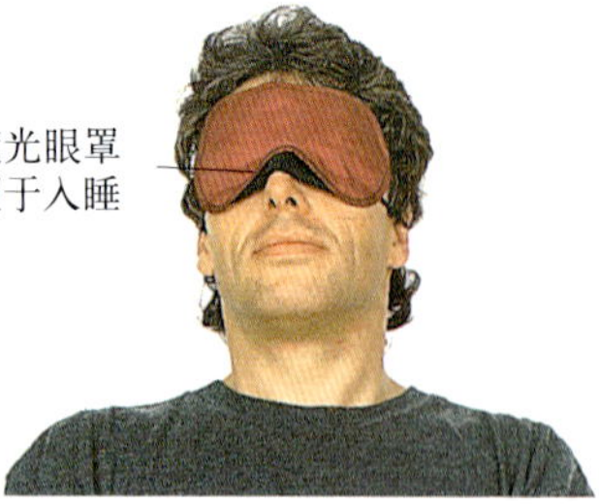

遮光眼罩便于入睡

按时睡眠

若目的地时间为晚上，旅行者可戴上遮光眼罩在飞机上按时睡觉。

准备行李

乘机旅行应使用有拉链的大背包，这比拎几个零散的行李包安全得多。动身前，列出要带的所有物品，包括照相机和其他贵重物品。把要携带的行李称一下，如果行李很多，可以买允许携带重物的机票，这样会省一些钱。在行李上写上姓名、家庭地址或旅行地的地址及电话号码。长刀之类的物品应分开存放。

飞行结束

飞行顺利结束，一下飞机，错综复杂的道路交通会让你晕头转向，尤其是预先选定的交通工具不是准点准时的时候。预约可以节约大量的时间与精力。

轮船和渡船

上甲板后，查看是否有供睡觉用的靠架，并注意一下其他人是怎样存放行李的。要看管好随身物品，如果觉得无聊，可主动和其他人交谈。

铁路

通常，铁路旅行非常便宜舒服。有些地方仍旧使用蒸汽机车，因此，把头伸到窗外时要避免灰尘进入眼中。

汽车

发展中国家的公路网很发达，某些偏远地区，只通汽车。在坐汽车时，应当保证有称职的司机以及行李存放安全。

小船

坐船时，尽量穿上救生衣。虽然当地船工一般技术娴熟，但当你觉得船上超载时，一定要向船工指出来。

与人交往

与各种各样的人打交道是旅行的一大乐趣。在交往中应该尊重对方，不带任何偏见。记住，飞机场和旅游胜地那些招徕顾客的商人决不能代表这个国家人民的形象。

宗教法规

在许多国家，宗教在人民的个人生活、文化生活和政治生活中占有很重要的地位。西方游客往往不习惯多种宗教仪式，因此必须谨慎小心，不要冒犯了当地的宗教习惯。

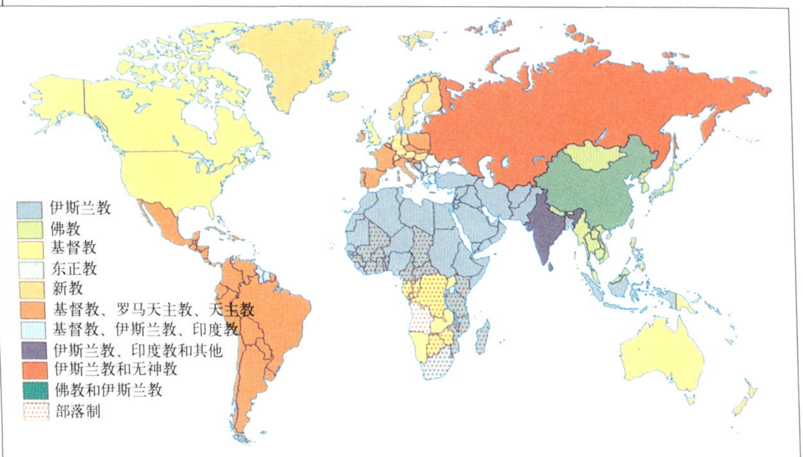

世界宗教

以上地图标明了世界上几种主要宗教，某些地区大多数人都信仰基督教、佛教、伊斯兰教或印度教，但教派不同，其信仰也存在差异。对旅行者来说，应了解当地的主要宗教，这样才能进一步了解他们的生活。

游客和宗教

在某些国家，宗教习惯依靠法律来强制执行。旅行者必须遵守这些法律，否则，会遭到起诉和惩罚。多数西方游客，习惯于宗教宽容、容忍的一面，所以在亲身体验到宗教的戒律法规时，往往会感到震惊。应该始终尊重当地居民的风俗习惯，特别是对居住圣地和寺庙里的当地人（见左图）。

地方政府

为了满足某些需求，例如，希望得到政府人员的某种许可时，往往需要耐心等待。有时是因为办事官员未能明白你的要求，或者因要求超出他自身的权限又不愿丢面子，所以干脆拒绝。

警察和军人
如果公务不忙，而游客又很礼貌的话，警察和军人一般都会很乐意为外国游客提供帮助。

地方领袖
在某些农村地区，处理好与地方领袖的关系对旅行非常有利。

特别提示

- 不要当着官方人员的面谴责他们的国家。即使他们自己也赞同你的看法，但你的坦率会使他们觉得没面子。要知道，愉快的合作需要相互尊重。
- 和官方人员交往时应有耐心。急躁会使沟通更困难。

自我介绍

见面时使用友好的正式用语。非正式用语显得无知、粗鲁或冒昧。对老人和妇女尤其应当客气。

问路
简单的交谈，如问路或指路，往往会引起一些有趣的话题。

会餐
人们都是非常大方的，共同进餐的邀请是友谊的信号。

融为一体
穿着当地的服装，能够掩饰差异，有利于增进与当地居民的关系。

适应环境

跨国旅行往往打乱了人体的生理节奏。不同的时区有不同的气候条件，你需要时间来适应新的环境。旅行期间应该吃好、休息好。

饮食调整

多喝水，多吃新鲜的食物，这样可以很快适应新的生活环境。未完全适应新的环境之前，千万不要在饮食上去冒险。

选择饮料

长时间飞行会导致人体脱水。到达目的地后，应饮用无菌水或瓶装水。购买瓶装水时，应亲自打开瓶盖检查一下是否是假冒伪劣产品。酒、咖啡和茶是利尿饮品，能加速体内水分的流失，因此最好不要喝。

挑选食物

新鲜的蔬菜必须在削皮、洗净并煮熟后食用，这样才不会引起胃部不适。在还没有完全习惯新环境前，不要吃腌制肉类。在天气炎热的国家，日出之前买的鱼才新鲜。选择干净、卫生的餐馆就餐。

热天和冷天

在热带地区，旅行者应多喝水，而在寒冷地区，旅行者往往胃口大开，大量进食，使脂肪增长，有助于身体御寒。

炎热的白天

在气候炎热的国家，早上和傍晚一般比较凉快，人们一般都在这时出门。旅行者应尽可能不在中午时分外出，并应像阿拉伯人一样用纱丽包住头部和颈部，或戴上宽檐帽遮阳，同时应戴上太阳镜保护眼睛。

将纱丽披着防止肩和手臂被晒伤

将纱丽围在颈脖处，可以防寒

寒冷的夜晚

人们可以通过排汗来对付炎热的环境。但对于寒冷，人们唯一的办法就是多穿衣。在天冷的晚上，将阿拉伯人的纱丽叠成双层的围巾来抵御寒冷。

遮阳

穿越沙漠或爬山的时候，很难找到遮阳的地方。可以把背包里备用的箔毯拿出来顶在头上。箔能反射太阳光，给旅游者阴凉，同时还能保护眼睛。

适应海拔

适应海拔变化的最佳办法是慢慢升高，缓慢下降。在爬高时，减小运动幅度。高空空气稀薄，人体通过制造多余的红细胞来产生氧，如果你在高空觉得胸闷，最好是到低一点的地方休息，这样比服药效果好些。

了解隐患

在旅行时，背包族可以全方位地了解旅行地的生活方式，并积极参与。但必须警惕一切有损身体健康的因素。为保险起见，应采取积极的预防措施。

食物

对旅行者来说，品尝异国他乡的食物是旅行乐趣之一。小餐馆或食物摊上的东西，其卫生得不到保障，容易引起腹泻，因此最好别买。

街头食品
没有包装的食品，蚊子或其他脏物随时会光顾。因此，应购买经高温油炸或沸水久煮的现做现卖的食物。

奶制品
牛奶和奶制品中的细菌繁殖很快。煮牛奶之前要洗手，牛奶煮开以后装入消过毒的容器里。

水果和蔬菜
在吃之前，水果和蔬菜要剥皮，最好自己亲手准备蔬菜和水果。薄皮水果和有叶蔬菜一定要煮熟，并加上食用消毒粉。新鲜的鸡蛋如果壳未破，就可以放心吃。

切开的食品
切分开的水果或蔬菜容易被污染，因此在街上或在旅店都不要买，最好整个地购买。

饮料和游泳

不宜饮用未经消毒的水和饮料，高山里的泉水也不例外。游泳也存在健康隐患，哪怕是上游小小的一点污染物，如死动物，都有可能使水源污染。

饮料

瓶装或罐装的水可以直接饮用。冰水可能是由污染过的水冰冻而成，最好不要饮用。

警告

在热带地区，为避免血吸虫和其他生物体进入体内，最好穿上具有保护作用的鞋子。

游泳

在下河游泳前，检查上游有无污水口或其他有害的微生物排放源。尽量不要喝河里的水。在跳入之前，应该估测河的深度并查看水中有无危险物。

其他隐患

在国外旅行时，最好别去冒险，因为在国外，同样的后果你为之付出的代价远比国内惨重。

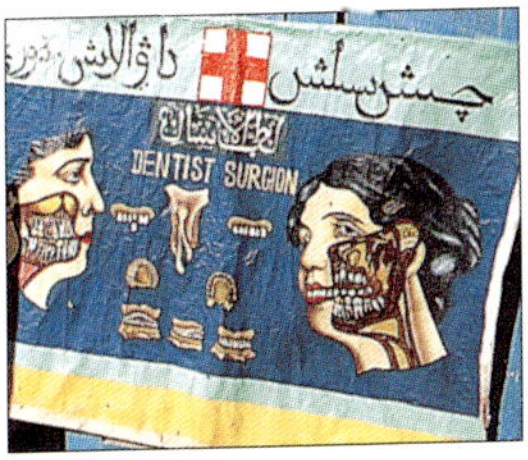

牙科

有些国家的牙科医生往往不如本国的牙科医生。在动身之前最好做一次牙科检查，否则，可能会受到牙痛的折磨。

动物

家养动物也好，野生动物也好，都不要去触摸。哪怕是被宠物咬一口，都很难治愈。

警告

对那些风流的游客来说，动身前最好带上避孕套，因为艾滋病正在全世界流行。某些医院甚至用带有艾滋病病毒的皮下注射针头输血。因此，最好自己有成套工具。

2

旅行用品
和旅行技巧

旅行用品都比较贵。特别是从未外出露营的人，要一次把所有必需品买齐，更会感到左右为难，难以定夺。因此应该早做准备并多留意。商店营业员很少有实际的外出经验。在购物时，不要随便听信营业员的产品介绍，在选购时应多留意产品的质量，相信自己的直觉，千万别买那些又贵又没用的东西。

服装

质地好的衣服具有良好的保暖、隔热和防潮等性能。宽松的衣服能防止身体过热和流汗过多。有些服装防湿性能差，通常要加上一层防水衣。

衣服分层原则

多层薄衣服比几件厚衣服能更有效地保持体温。体温调节有多种方法，可以加衣或减衣，也可以解开外套的拉链和纽扣。

内衣

贴身穿的内衣必须是棉质背心或长袖高领衫，贴身但不紧绷。内衣的吸汗性必须好，并且必须洁净，以免脏物阻塞不利于吸汗。

第二层衣服

第二层衣服必须宽松，重点是保护颈部和腕关节。可以选择带拉链的高领内衣，或有领的衬衣，衬衣的袖子能卷起，袖口能扣上。天热时，衬衣可以当做外套，外罩一件风衣（见第 34 页）即可，高领内衣的拉链可以拉开。

第三层衣服

第三层为毛纺套衫或轻质羊毛茄克。活动时，如果觉得热，可以脱掉这层衣服，如果还觉得热，可以解开风雪衣。在休息时，可以换上第三层衣服，不冷不热时，这一层可以当做外套，但必须随身带上雨衣。

外套

茄克可以当做外套、风衣或雨衣。在北极旅行时，必须穿带衬垫的风雪衣以抵御刺骨的寒风。如果觉得热，并且流汗的话，可以把茄克敞开。温带地区经常会下雨，因此可以在茄克上罩一件雨衣。

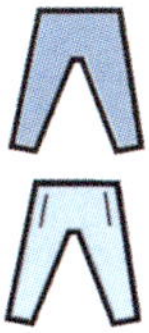

衬裤

天气暖和的话，可以穿棉短裤。天气严寒时，可以穿脚踝部有松紧带的长裤。在北极旅行时，尤其是在滑雪时，可以穿上保暖的内裤。湿的长衬裤要很长时间才能干。防水衬裤的透气性差，穿起来不舒服。

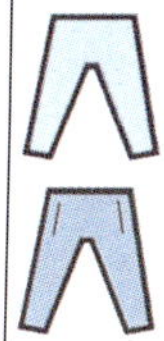

长裤

长裤应宽松，并应采用容易干的布料。在很潮湿的气候条件下，吊带长裤可作为腰带，防止腰部擦伤。长裤的透气性如果不好的话，穿起来会觉得热。下瓢泼大雨时可以穿雨裤（见第35页），在严寒气候条件下，尤其是在长时间剧烈运动后休息时，可以穿棉外裤和靴子来保暖。

服装布料的选择

毛料为一种天然纤维，即使是有一点湿，也具绝热性；没有湿透的话，保暖性能好。遇火时，毛料会闷烧，而不是燃烧。

毛料吸水性好，变湿时毛料会变重，湿的毛料外套要很长时间才能干。贴身穿的话，皮肤会发痒。洗时毛料会缩水。

棉具有耐穿、吸湿、透气等优点，内衣裤和其他衣饰，如印花大手帕，最好是棉质的，可以贴身使用。

棉变湿的话会变重，如果干得太快会缩水。贴身穿的棉质衣服如果发皱，穿起来会觉得不舒服。棉不防风，易破易燃。

羊毛或软绒衣具有良好的保暖、防潮性能，质量轻，耐穿，不吸水。

羊毛或软绒衣透风，为了防风，有一些羊毛外套常在颈部和胸部加多层棉。软绒不易压缩。

人造纤维材料可以防雨，但同时又能排汗。因此在温带和寒冷气候下，可以穿用人造纤维做的防水外套。

人造纤维材料在阴沉的坏天气里会吸水。人造纤维衣料的纤维孔易被脏物堵塞，使身体的汗液不能排出，所以，只能经常解开外套透气。

保持凉爽

热天必须穿质地轻的宽松衣服。冷天穿衣的多层原则在热天里同样适用。浅色衣服防紫外线功能不如深色衣服，但能反射热，使人觉得凉快。在凉爽的阴天里可以穿短裤和短袖衬衫，但四肢露在外面会受紫外线的伤害。

帽子
宽檐帽能保护头部和颈部不受日晒。

内衣
浅色棉质T恤衫外罩一件衬衫，吸汗性好，使你觉得凉快。

外套
轻质防风茄克可作外套，夜里可用来防风、保暖。一些现代轻质纤维具有绝佳的绝缘性。

第二层衣服
轻质的衬衫充当第二层衣服，特别热的时候，如在沙漠地带时，袖子可以放下来遮阳。

裤子
穿宽松的棉质长裤。多口袋裤子能装地图、指南针等用品，这样，可以腾出双手，并且无须带上茄克。

鞋
鞋子必须轻，有鞋帮。穿上时，脚能散热、透气，鞋底必须坚硬、耐磨。

保护头部

在天冷、多雨或大风的气候条件下，帽子可防止身体热量从头部散发，有帽耷的帽子能更有效地保护颈部。

巴基斯坦帽

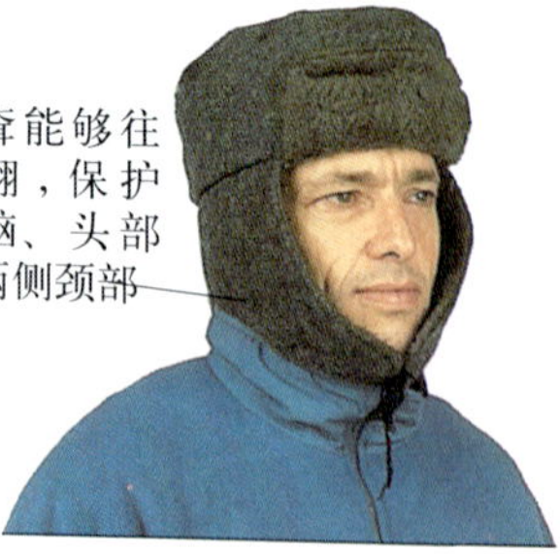

帽耷能够往下翻，保护后脑、头部及两侧颈部

俄国帽

保持干爽

雨衣不仅要能防雨，同时还应能使汗液排出。

兜帽
兜帽封住了耳朵，因此最好是在下大雨、刮大风或休息的候才用。

茄克
拉上拉链、扣上纽扣。走路的时候，可以拉开茄克的拉链，让衣服敞开。

口袋
下雨时，口袋的拉链要拉上，以防止雨水流入口袋。

裤子
防雨裤只有在下大雨的时候才穿，在湿草地上走路的时候，可以用绑腿代替雨裤。

靴子
穿雨靴时，脚会发热、出汗。最好选择绑腿和有鞋舌的靴子。

保　暖

在天气极冷的时候，应注意裹好身体保暖。但不能阻塞了汗液的排出，否则，衣服的绝缘性会降低。

头部保护
巴拉克拉法帽（帽兜）能保护头部、脸部和颈部。

内衣
保暖内衣和长衬衣吸汗性能好。

第二层衣服
圆高领衬衣配巴拉克拉法帽。

中层的连指手套
在内层的手套和外层的连指手套中间戴一双羊毛连指手套，便于手抓拿东西。

里手套
里手套能防止皮肤粘在结冰的物体上。

夹衣
羊毛茄克吸汗性好，还能保暖。

裤子
高腰背带风雪裤能遮住腰部，常穿在裤子外面。上身开叉处的拉链可以拉开。

外套
风雪衣须有衬垫、兜帽，前有交叠形的扣件，外面的布料须防水且透气性要好。

外层连指手套
两层手套外还要戴一双厚的连指手套。至少是一双薄的。

靴子
雪靴有塑胶鞋面和保暖衬里。

鞋 类

在动身前，把所有旅行时要穿的鞋子都在家试穿一次，以防止脚部起泡。如果时间仓促，可把皮鞋浸湿后穿上，直到鞋子变干。这种方法只适于在家试，千万不要在旅途中试。外出时，必须每天检查脚部，如有不适，应及时进行护理。

旅行鞋的选择

在选择旅行鞋时，应充分考虑旅行地的地形、气候，以及携带行李的重量。耐磨的靴子适合于大部分的活动。身背重物时，不要穿轻便运动鞋。

运动鞋

运动鞋穿起来虽然很舒适，但它们对脚的保护远不如耐磨的旅行鞋，经常穿轻便运动鞋可以使脚底变软，从而容易受伤。

模制泡沫鞋底

布质鞋面干得快

布靴

如果地形不是太崎岖的话，短距离行走时可以穿布靴。布靴对脚的保护不如皮鞋，但它们干得快，穿重的鞋子后换穿布靴，可以使脚不过于疲劳。

鞋类的清洗

1 取下鞋带和鞋垫，洗掉鞋面上所有的泥巴，特别是呈酸性的植物类炭化物，对皮革损坏非常大。

2 将鞋子晾干。不能直接用火烘烤，以免皮革开裂。

3 对干透的鞋子进行防水处理。可用手指涂抹油剂，然后放在阴凉处。

雪地靴

雪地靴的绝缘性好，鞋底有鞋钉，在雪地上行走不打滑。塑胶面内是一层单独的保暖靴，在帐篷里，可以脱掉外面的冰靴。

沙漠靴

沙漠靴有坚硬的鞋底、羊皮鞋帮，因此它有良好的透气性，同时能防止炙热的沙粒进入鞋内。高鞋帮能有效地保护踝部。如果浸湿的话，沙漠鞋很难干。

远足靴

这种类型的靴子在重量、耐久性和保护性方面都适中，它的鞋底结实、防滑，皮质鞋面耐磨、防水，脚踝处还有衬垫底支撑保护。

丛林靴

丛林靴专为丛林旅行设计。它有橡胶鞋底和易干的帆布鞋帮，鞋面有特殊设计，鞋子浸湿后可以让渗入鞋内的水流出来。

防水产品

大多数鞋子都经过防水处理。皮鞋须逐步、反复地进行防水处理，蜡质防水剂防水效果好。在极冷的气候条件下，硅树脂能使皮靴不开裂。

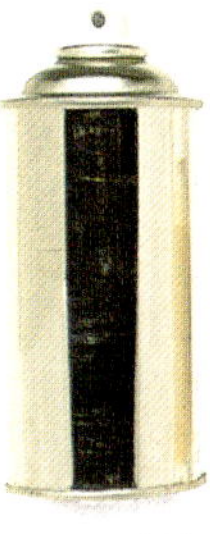

硅型喷液

蜡质喷液

蜡

脚部护理

旅行时，脚起着至关重要的作用。因此，不仅要注意脚部穿着舒适，还不能忘了脚部护理。

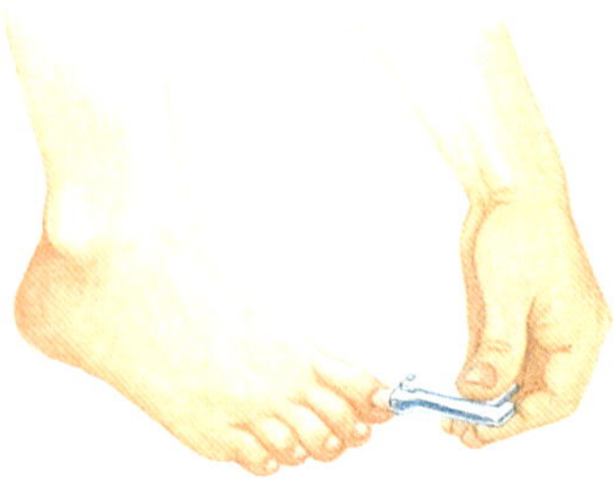

剪脚指甲

用指甲剪剪短脚指甲，剪整齐。长的脚指甲会折断使脚指头变青肿，同时，袜子也容易被划破。

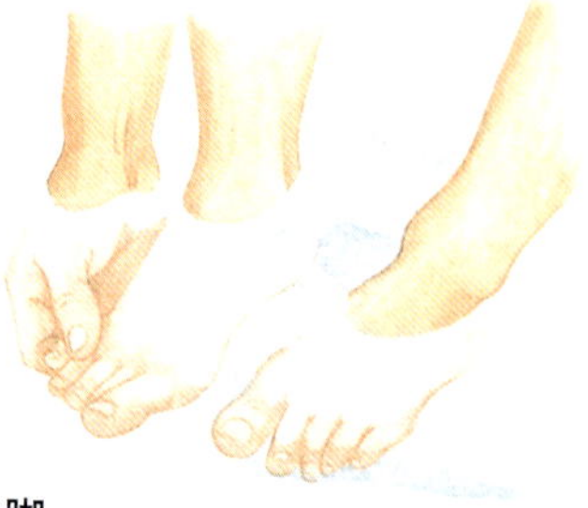

洗脚

穿厚袜和靴子，脚容易出汗，脚部细菌繁殖快。用肥皂洗脚，每天至少洗一次，脚指甲也要清洗干净。

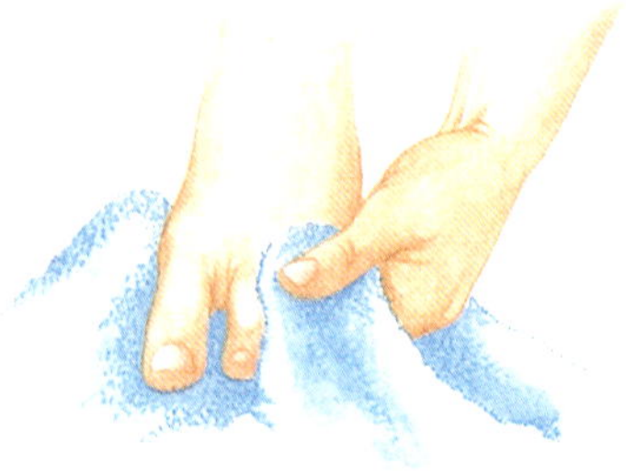

擦脚

用毛巾或擦脚布把脚擦干。擦干后，把脚置于日光和新鲜空气中，但应注意防晒。

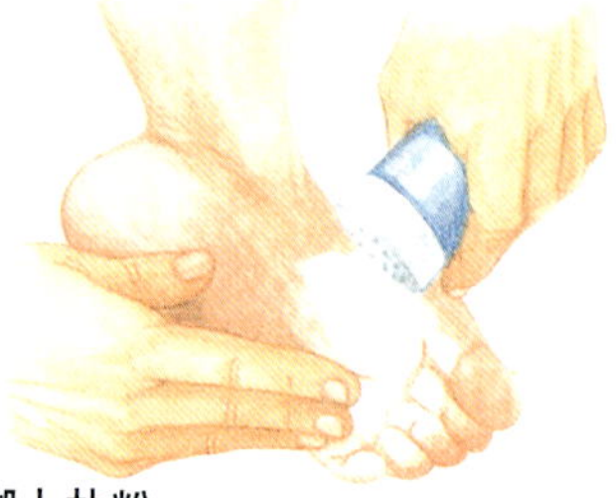

在脚上扑粉

在脚趾间擦上防真菌的脚粉以预防脚癣。去掉脚部死皮，涂上抗真菌的凝胶体可以治疗脚癣。

脚部按摩

长时间的旅行可能扭伤脚部，使肌肉、骨骼和韧带疲劳。为避免这种情况出现，可以用双手手指按摩脚部，促进脚部血液循环，并减轻因血液循环不畅引起的脚部发麻。

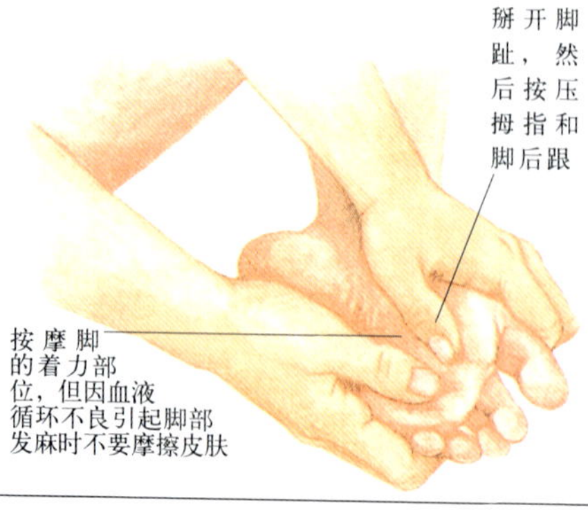

袜子

在选择袜子时，应考虑具体的行走环境。厚的羊毛袜能使你的脚不起水泡，不被冻伤。穿薄袜脚不会出汗，也可以把薄袜穿在厚袜外面以延长厚袜的使用寿命。

夏用袜子

夏天穿的袜子袜底厚，袜面薄，有利于排汗。这种类型的袜子适用于丛林旅行，浸湿后很快会变干。

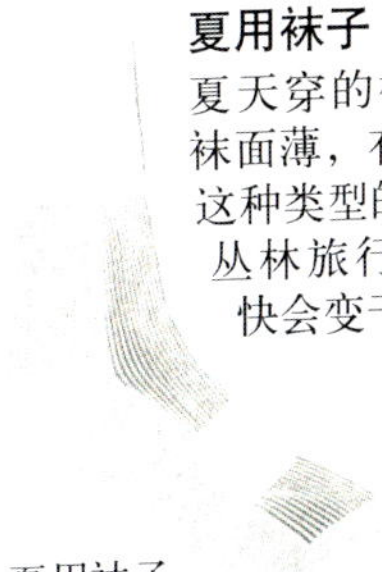

夏用袜子

长袜

穿短裤旅行时，为了保护腿部，可以穿一双到膝盖的长筒毛袜。在毛袜里穿一双吸汗性好的薄袜子。

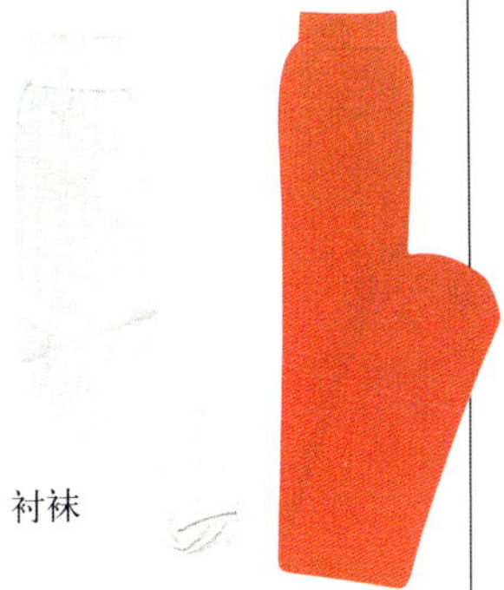

衬袜

长袜

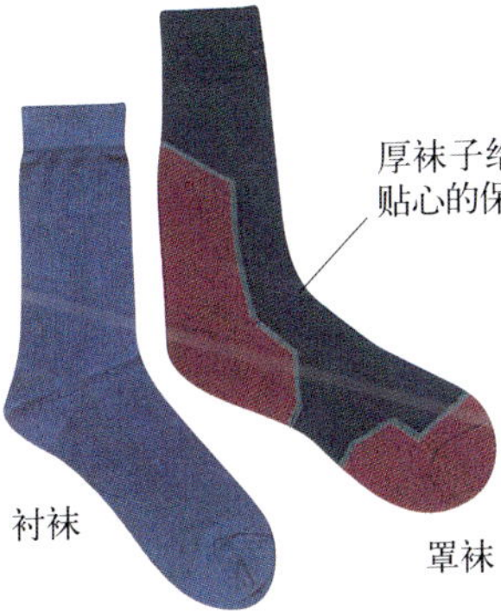

衬袜

罩袜

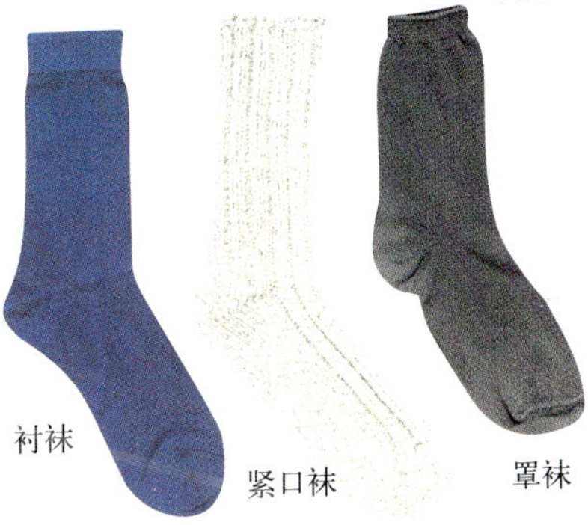

衬袜

紧口袜

罩袜

冬用袜子

罩袜内穿透气性好的丝光袜，厚一点的罩袜能保护脚部。

紧口袜

在紧口袜的外面套一双旧袜子防止其破损，紧口袜穿在脚上很硬，因此，应在里面穿一双较软的袜子。

鞋罩

穿雨靴时脚会发热、出汗，从而使脚起皱、起泡并感染真菌。使用鞋罩是一种更好的选择，它透气性好，在草地上行走时，穿上鞋罩可以使裤脚不被打湿；下雪时，鞋罩又可以防止泥浆、积水、飘雪进入鞋子。而且所有的鞋罩都很容易解开。

防泥鞋罩

防雪鞋罩

背囊和包袋

大多数背包在设计时都考虑了其灵活性，使之能够根据个人的体型和尺寸进行调整。购买前应了解自己到底该买多大的背包。背包的大小应以能容纳所有必需品为准。

调试背包

1 对新的或不太熟悉的背包，可先将上面的所有带子调松，了解其用途和搭襻的位置。

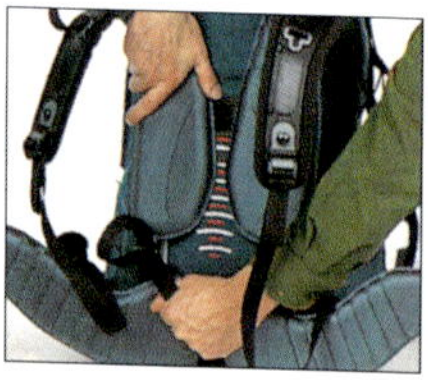

2 将背包背部调节带放到最长，稍后调整时只须将其系紧。

3 背上背包，系紧下肩带，将包调整到舒适位置。

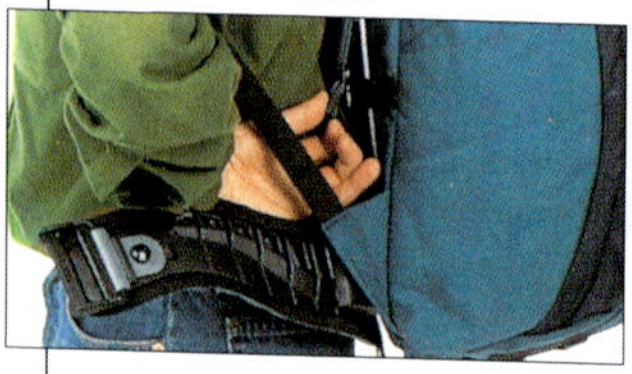

4 调节背包背部背带，使包处于最高位置，即肩膀上方。

5 系紧腰带，这样背包的重量就从肩膀上经骨盆分散到了腿部。

6 系紧上肩带，提高背包的重心。

7 系紧肩带，调松腰带以减轻腰部的负担。

多用包

多用包既可当做背包，也可当作挎包、手提包。多种背法不仅能防止小偷偷窃，也可以防止背包过早损坏。还可准备一个廉价耐用的大包，如潜水包，必要时可将背包装入。

挎包

手提带

手提包

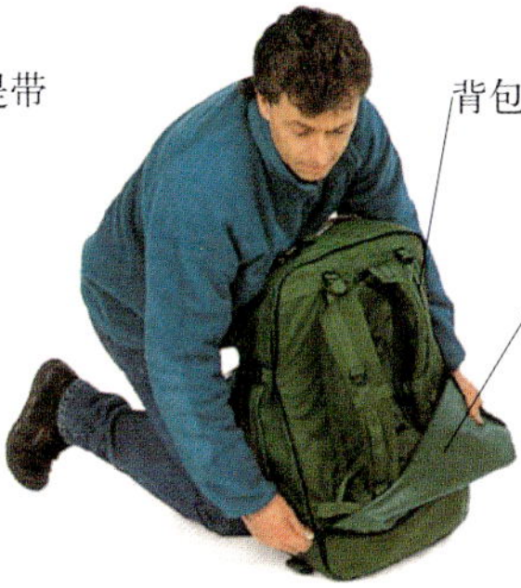

背包肩带

可拆卸的拉链套

拉开肩带拉链

背包

白天用包

白天用包应尽可能轻，尽可能大，以容纳步行时所需的一切必需品。如食物、水、雨衣、保暖衣、地图、指南针以及其他应急物品。在购买时选择定型好且带背部衬垫的背包。

登山背包

有一些登山用背包（与肩同宽）在两侧都有一个附加的小包。而有一些背包的小包能拆下来；束在一起，这时登山包就可作白天用包。

登山时，把两侧的小包拆下来，放在宿营地

背包与人的肩部同宽，这样方便登山者进出山洞

装 包

装满的背包须保持平衡，为了防止背包向后拉扯肩部或使肩部前弓，可以将重物放在最上面，使其重力笔直下压。那些无用的玩意一下就能把背包填满，因此，装包时应挑选有用的必需品，最好用一物多用的物品，如雨披，既可当雨衣，又可当临时的遮阳布，还可当做铺在地上的防潮布。

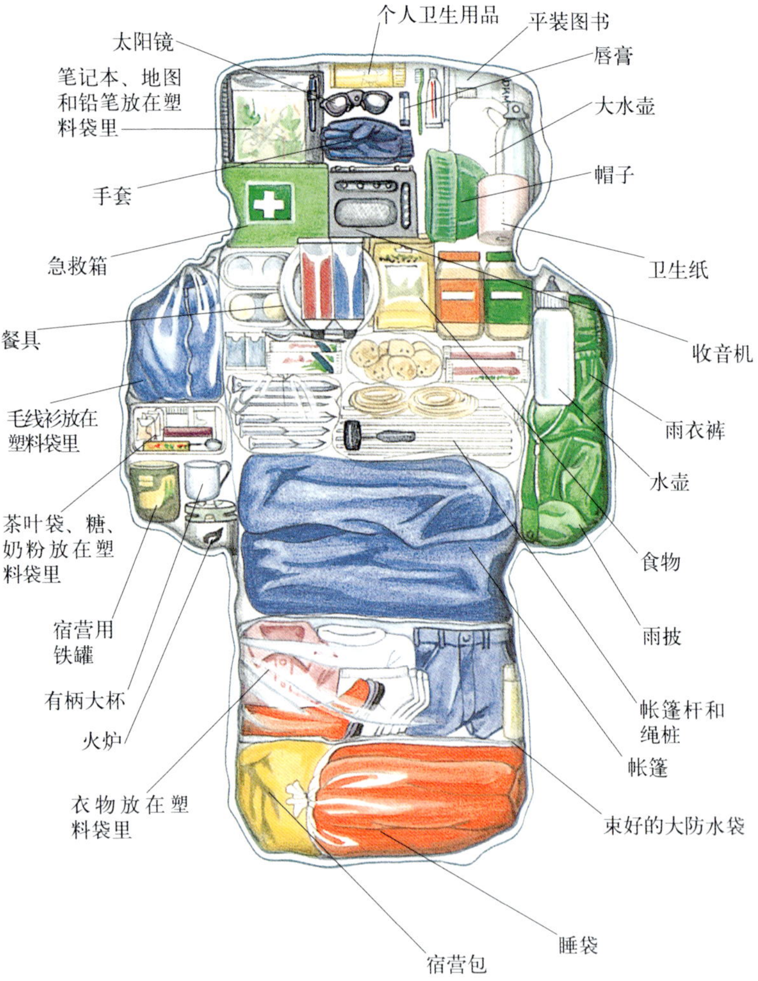

背包内部安排

白天，要带上防水物品、衣物、火炉、食物和水。为了不至于取东西时把所有的东西都翻出来，在打包时应注意合理放置。背包里所有的物品都必须完全防水、防湿。把背包里的物品分类放置，并用单独的塑料袋包装，然后用一个大塑料袋包起来放进背包里。

估 重

把要带的物品集中放置在一个地方，检查一下哪些有用，哪些没用。根据自己的经验确定背包的重量，最多不能超过 25 千克。在凹凸不平的地上行走时，背包应尽可能轻。爬高峰时，背包不能超过10 千克。背包应留有足够空间放食物和水。

腰包

私人用品放在腰包里方便拿取。而大件物品都放在白天用包里。注意，腰包和背包不能同时使用，因为腰包挎在腰间影响了背包腰带的使用。

包中物品

包内物品的种类取决于你所从事的活动。天热的时候，水壶必不可少。注意，小偷会划开腰包，因此在人多的地方，最好把腰包挂在脖子上。

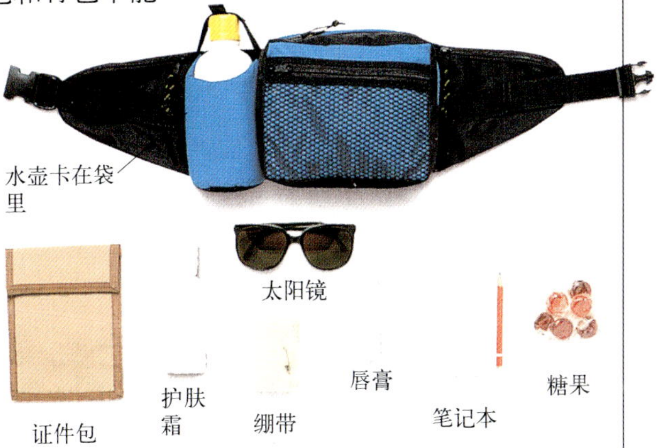

重要物品

把重要物品用一根结实的细绳系在脖子上，这样最安全，也便于拿取。在意外事故中背包可能会丢失，但挂在脖子上的东西一般都不会丢。因此应该养成把重要物品挂在脖子上的习惯。

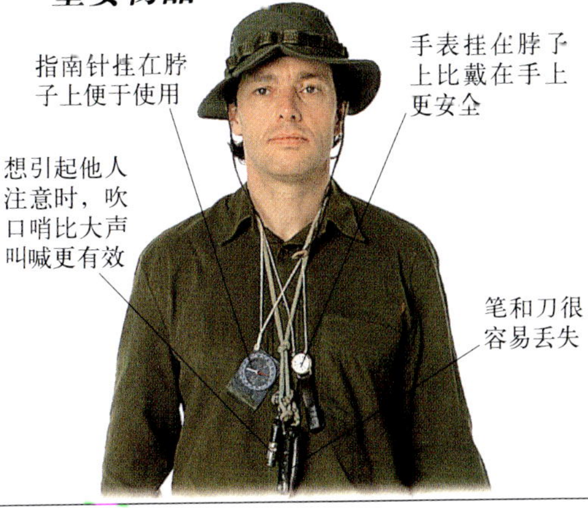

寝 具

良好的睡眠和可口的食物同样重要。一天的劳累后，睡袋成为旅行者温暖的天堂，所以，应善待睡袋，保持它的干燥。不要把睡袋直接铺在地面上，经常抖动睡袋，并把内胆翻出来透气。

选择睡袋

不同的条件下，使用的睡袋类型也有所不同。因此，必须了解目的地的平均气温并购买合适的睡袋。

睡袋里的垫料须均匀

拉链要拉上以免身体与上面冰冷的金属接触

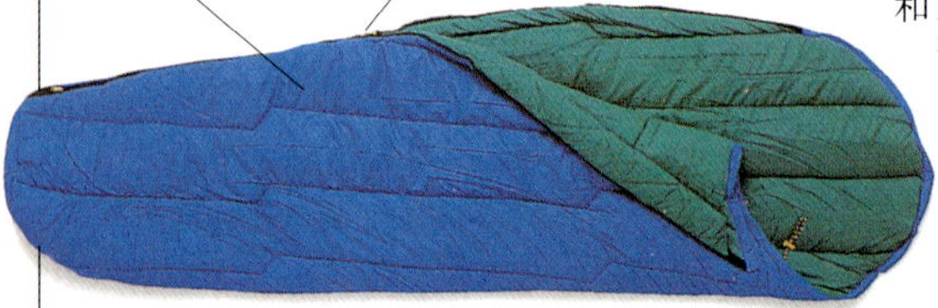

圆脚袋

头兜可防止热量从头、颈和肩部散失，有拉链，便于进出睡袋，系紧拉绳可保暖。

没有拉链的睡袋

没有拉链，但进入口有一根拉绳。系紧时能防止热量散失，但进出睡袋很难。

睡袋的构造

有垫料的睡袋比较暖和、质量轻并且很紧凑。合成垫料稍微重一点，但通常比较便宜，隔湿性也比较好。

箱状

垫料放置成箱状不会堆成一团。

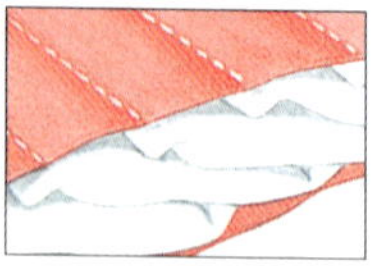

重叠

垫料倾斜放置，使空气充盈，更易保暖。

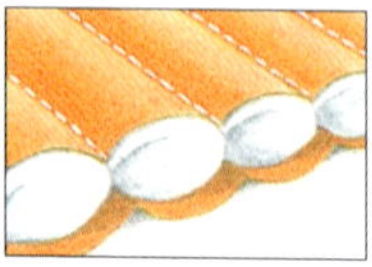

缝

条状压线将垫料缝成椭圆形，虽然可防止垫料移动，但使热量易从缝合处流失。

偏移

垫料双层偏移，热量不会从缝合处散失。

脚部设计

为了减少热量散失并为脚部提供足够的活动空间，质量好的睡袋有几种底部设计方式。

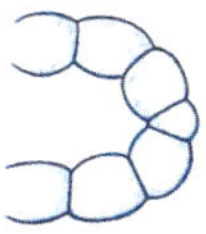

侧面

正面

球形底部

底部设计成球形，有两层或多层垫料，缝在睡袋的上部和下部之间以减少睡袋底部的热量散失，脚的移动不受限制。

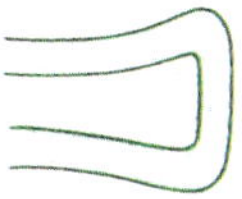

侧面

正面

鱼尾状底部

底部设计成鱼尾状，上下层垂直缝合，脚可以向上移动，这种睡袋其绝缘性不如底部成球形的睡袋。

缝补睡袋

睡袋破了应马上进行修补，以免裂缝扩大。可以临时用宽胶带把裂缝处封好。缝补时找出原来做睡袋剩下的碎布，这样则用料相同。

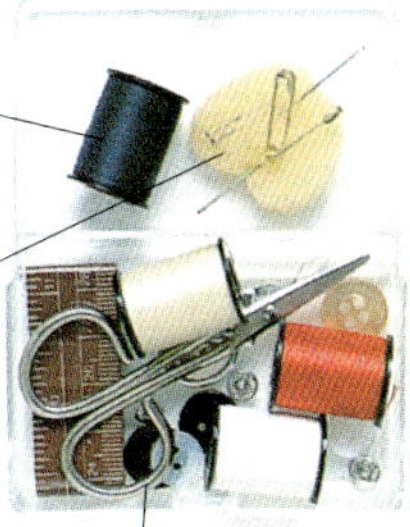

睡觉用品

即使是最贵的睡袋，也不能完全把人体与冰冷的地面隔离开。睡垫能提高绝缘性，也能防潮。

睡垫

将你与潮湿、冰凉的地面隔开，有些睡垫带有塑料泡沫，在车胎扎了洞时，可作修车垫。

衬垫

棉质衬垫能使周围的热量不散发。它能保护睡袋使其不易磨损，与睡袋相比，也较易清洗。

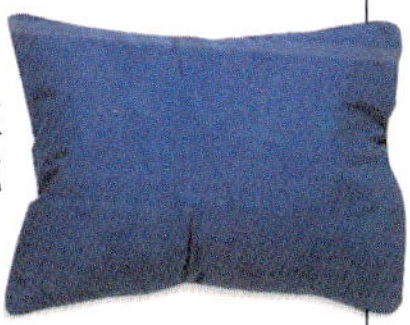

充气枕

不是必备物品，在长时间的飞行中充气枕有助于睡眠。

金箔毯

在紧急情况下需要一床轻质毯，金箔毯防风，并能减少排汗，蓄热性好，同时它还能反射直射的太阳光。

帐 篷

如果有多种类型的帐篷可供选择的话，你应该比较一下，选择那种最能满足你的需要的帐篷。最好是先借用别人的帐篷，试用后选择满意的那种。

帐篷的特征

实践证明，支架式帐篷是最实用的。它有两个支柱，一个通风的里帐篷、防潮毯以及防雨篷罩，通过调节牵绳拉紧和稳固帐篷。

支架式帐篷
支架式帐篷能抵御恶劣的气候条件，在各种地形条件下都能很快搭建好。

帐篷的选择

挑选时，首先应考虑帐篷的重量。同时也应考虑其长度、大小和设计形式。即使是大风天气，支架式帐篷仍有着良好的稳定性，而圆顶帐篷则须小心固定好。

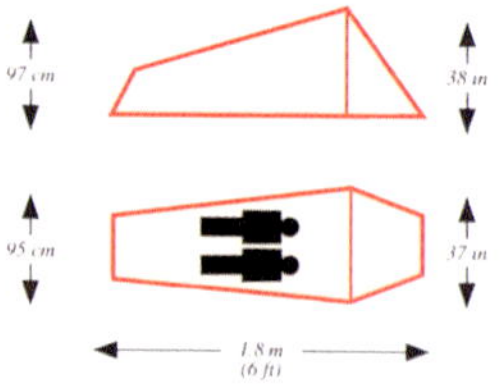

两人用支架式帐篷
设计有烹调和存储的空间。

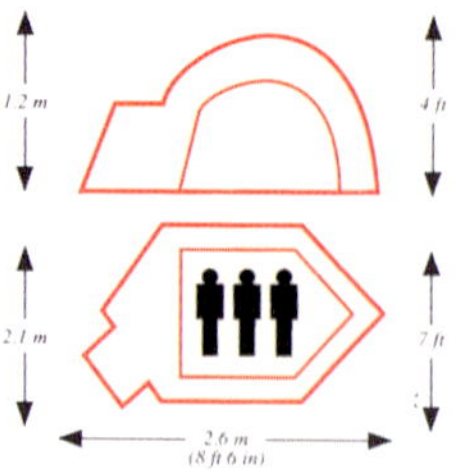

三人用圆顶帐篷
调节型支柱可使圆顶帐篷篷顶升高，让人更舒适。

帐篷的类型

帐篷的类型应与目的地的环境相适应。支架式帐篷在任何地方都能使用，而网格式圆顶帐篷更能抵御狂风大雪。在强风中，带外部支柱的帐篷比只有内部支柱的帐篷更容易搭建。气候恶劣时，双环帐篷的稳固性不是很好。

水平支架式帐篷

与楔形支架式帐篷相似，有一水平的屋顶支柱，两侧的高度相同。这样，帐篷的净空间很大，但没有楔形帐篷所具有的流线型。

圆顶帐篷

起风时，须用坚实的木钉将其钉牢，与支架式帐篷相比，其内部空间比较宽敞。

单环帐篷

单环帐篷很轻巧，有足够的活动空间，并且易于搭建。外形较圆滑能使风向偏移。

通道式帐篷

顶部有三个环状结构，每一侧都有一个较小的环顶，在两侧均有入口。

网格式圆顶帐篷

网格式圆顶帐篷很结实，便于携带、易于搭建和拆除。与其他圆顶帐篷一样，网格式圆顶帐篷须钉牢，但其特有的弯曲互锁支柱使其更坚固，更稳定，可调节支柱代替牵绳使之更稳固。

烹调用品

食物和饮料对旅行者来说是至关重要的。炉子和餐具尽可能少带，除非你是随团旅行或有专门的运载车辆。餐具应包括一个带盖的锅子、木勺、有柄大杯、盘子以及一个小炉子。

炉子和燃料

选择炉子时，应首先考虑炉子及燃料的重量以及燃料的可获得性。燃气炉重量很轻，安装也很简单，但其燃烧时的温度不能和高压炉相比。

微型炉
这种炉子重量极轻，以丁烷、丙烷的混合物为燃料。0℃以下时不能使用，仅适用于小盘子和小锅子。

多燃料炉
是世界上最流行的炉子，燃料为白汽油、煤油或航空燃料，可用来做饭。

多用炉
这种炉子燃烧迅速，功能齐全，折叠架上能放置较大的平底锅。

折叠式支架

无压炉
以工业酒精为燃料，有一个防风罩。无压炉非常稳固，不容易坏，能同时充当平底锅。

燃料

煤油瓶

汽油瓶

固体酒精

丁烷罐

燃料瓶与水瓶应便于区分，防止因混淆而产生危险。确保燃料瓶不会泄漏，因为漏出的燃料会污染食物、损坏衣物和其他用品。飞机上不能携带燃气罐，在目的地也有可能找不到相应的燃料。

点燃气压炉

气压炉可使用多种液体燃料，液体燃料加压后以汽化形式燃烧。

1 打开气压锁定阀，将压力泵按 20 下，注入燃料后关闭阀门。

2 天气条件好时，炉子能迅速点燃。但如果气温过低，则要用固体汽油预热炉子，使燃料汽化。

3 点燃固体汽油。当炉子的外部金属变热后，打开燃料控制杆，燃烧的固体汽油会将里面的燃料点燃。要有耐心，必要时添加汽油。

警告

气压炉会突然起燃，因此千万不要将其倾斜，也不要在帐篷内或篷罩附近燃烧，应使用无铅的过滤型燃料并存放在一个有明显标志的罐子里，以便与其他物品区分开来。

4 调节火焰控制杆，烧水时火焰可以调大，煨东西时火焰应调小。如果燃烧不稳定，可以加大炉子内的压力。

餐 具

在选择餐具时应考虑背包的重量，至少应该携带调羹、杯子、锅子和盛放热食物的碗。在组团旅行时，还可带上开水壶、碟子和煎锅。金属器皿盛热食物时会烫伤嘴唇和手，而塑料器皿则相对安全些。

有柄大杯
一个大而结实的塑料杯能使饮料不至于过热，金属杯或瓷杯会烫伤嘴唇，最好别用。

盘子
将食物放在盘内，冷却后再食用。也可以将剩余的食物放在锅中保温。

碗
与底浅的碗相比，底深的碗食物保温时间长一些并且不易溢出。

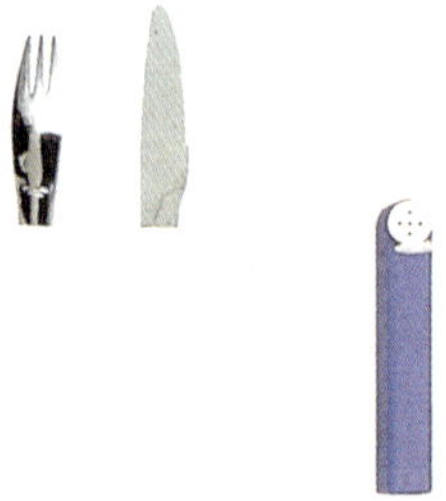

叉　刀　匙　手柄

餐具
餐具的重量应轻，质地要好。最好不要与他人共用餐具，因为有传染细菌的可能。

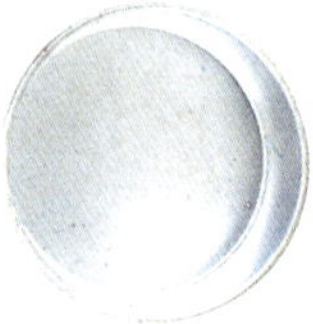

铝锅
食物在铝锅中很容易加热，但应注意，铝锅也易烧煳食物。

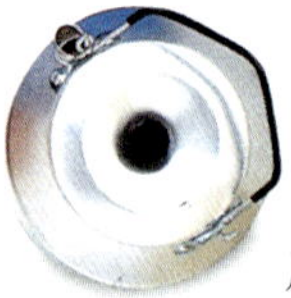

水壶
用水壶烧水，锅子可腾出来用于烹调和浸泡食物。可以用水壶准备做饭用的热水。

煎锅
单独外出旅行时，没有必要携带铝质煎锅，但随团外出或有代步的车辆时，可以带上。

炊壶　盖

可靠的用具
减少所携带的餐具的数量，仅带上几样有用的物品，有绝缘柄的深底铝锅适用于恶劣的气候条件，锅盖既可当碗又可当煎锅。

水罐
用铝质水罐可以节约空间，但应多带些盘子。

贮存食物

食物贮存罐必须轻而结实、透明、广口并有不漏水的盖子。

估算一下你所携带的食品的数量，然后再购买相应的罐子。

减轻重量

用质量轻的塑料器皿代替重的玻璃器皿，不仅可以减轻你的行李的重量，而且能保护你的物品。瓶盖能拧紧的广口瓶，可用来装速溶咖啡和巧克力之类的粉末状食品。瓶盖下压的那种瓶子，疲劳时很难打开。

奶粉　液态巧克力　速溶咖啡　糖

调味品

少量的盐、胡椒粉、香草和香精可装在35毫米胶卷筒里。为便于识别，出发前，在筒上贴上标签。

干辣椒粉　胡椒粉　香草

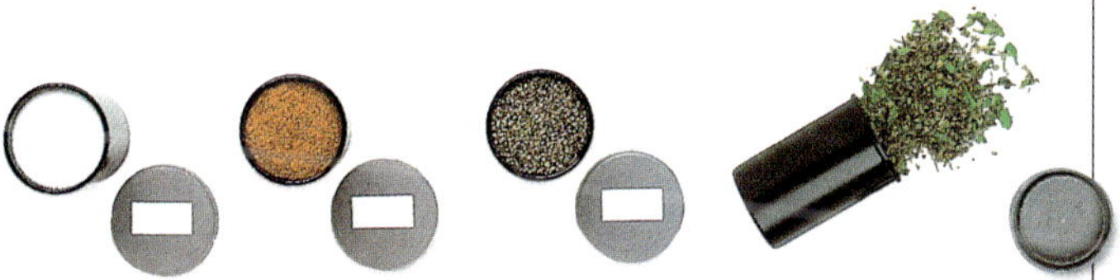

盐

收放食品

把大量的易碎易洒出的食品装在密封塑料盒中，防止其破碎或散落。

零碎速煮食品

饼干

把烹调说明书从包装袋上撕下来放入容器里

麦片

大米

水果糖

堆放

为便于拿取，可以把调味罐之类的小东西放在一个盒子里；如果没装满的话，可将茶叶袋之类的物品塞在里面。

便携式食物

去野外时携带干燥的食物，能使你的背包不超重，但这些食物在煮食之前，需花时间用水来浸泡。罐装食品随时都能食用，但较重。像大蒜之类的新鲜食品则很受欢迎。

干燥的食物

高热量食物

吃甜食能维持血液中的糖分，提供热能使身体暖和，吮含水果糖可吸收其中更多的热量。

脱水冰淇淋

巧克力牛奶蛋粉

水果糖

早餐

能量高、富含维生素的燕麦和干果都可当做早餐(燕麦片和干果混合制成的早餐，称为穆兹利)，丰富的纤维素能促进消化。

果脯

燕麦

速煮食品

蚕豆和其他豆制品

蚕豆和其他豆制品含有丰富的蛋白质和纤维素，在煮之前需要充分浸泡。大米能补充碳水化合物，但烹起来慢。

小扁豆

菜豆

大米

零食

白天随身携带些零食，不时咬上两口，能维持体内的能量，减少饥饿感。将主食留到晚上再吃，这样有利于消化。

穆兹利条

牛奶鸡蛋饼

助消化的饼

巧克力条

巧克力薄饼

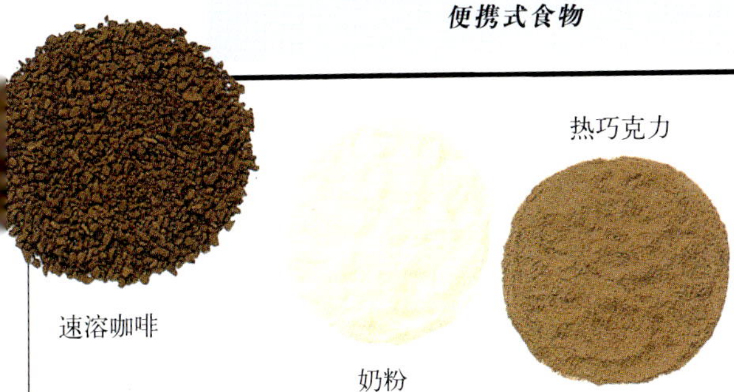

速溶咖啡　奶粉　热巧克力

饮料

饮料中含糖，能提供热能，使人觉得舒适。含钙奶粉、热巧克力能提供更多的热量。

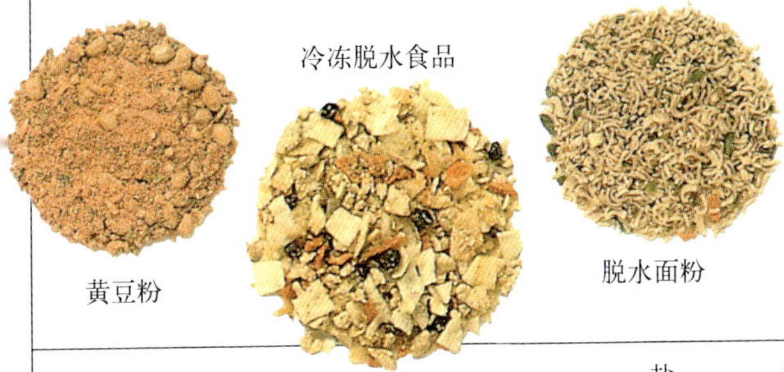

黄豆粉　冷冻脱水食品　脱水面粉

主食

将食物冷冻干燥使其脱水。在煮之前，脱水食物应充分浸泡。

面粉　红糖　盐

混合食品

面粉为一种有用的增稠剂，可以用冷水将其拌匀。在气候炎热的国家，可以在食物中加少许盐。

汤料　番茄酱　汤块

调味品

尽量多带一些调味品，如果你携带的大部分食品为脱水食品时，尤其应如此。在调味品中加入配料，能使其味道鲜美。

肉和鱼

香肠　酱汁肉　沙丁鱼　牛肉香肠和豆类

肉和鱼含有丰富的蛋白质，但很难保鲜。罐装食品打开后应立即食用。也可以选择预先烹好了的干鱼、干肉，如牛肉干等。

饮水设备

纯净水对身体健康十分重要。过滤掉泥沙和杂质并用化学净化剂净化后，大部分水都可以直接饮用。如果对水质不放心，可以加大净化剂的剂量。

蓄水器皿

所有的蓄水器皿都应保持干净，以防止污染。天冷时，可以把水放在真空瓶里保温。

带帽盖的水壶
这种水壶有一个塑料瓶盖。

不锈钢壶
虽然结实，但装满东西后很重。

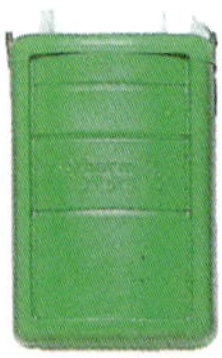

塑料水壶
塑料水壶很实用，但应注意远离热源。

真空壶
真空壶的保温性能好。

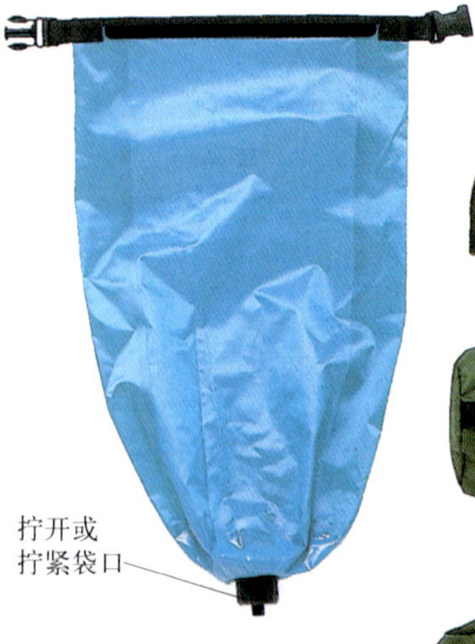

大水袋
起风时，可以把大水袋挂在树上吹凉。

军用水壶
注意不要把壶盖与壶之间的线弄断。

小水袋
这种折叠式的水袋放在地上很容易坏。

腰间水袋
水袋放在腰间便于拿取，同时能把手腾出来。

过滤器

要将水净化可以将其煮沸5分钟，但使用化学净化剂则更安全、更有效。在加入净化剂前可以将水煮沸。

碘酒
加入碘酒后，水会变红并有异味，看上去很脏。

药片
每半升水加入一片药片，如果是冷水，则应加大剂量。

把水从容器中抽到瓶里

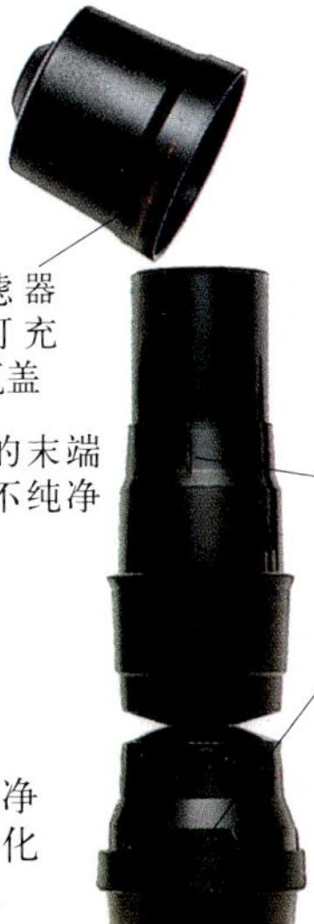

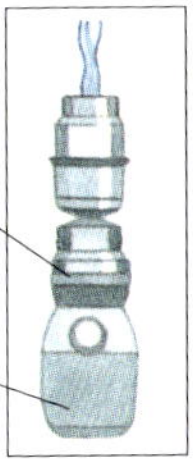

便携式过滤器
在过滤器的把手上加压时，不纯净的水会吸上来，经过过滤器中净化剂的净化，纯净水从喷管中流出。

杯式过滤器
不纯净的水缓慢流过净化剂，纯净水收集在水壶中。

脱水

人体不能贮存水，因此必须不断地喝水来补充。高温、人体新陈代谢以及运动消耗体内大量的水。人体通过排汗使体温降低。水有助于食物消化。

要减少摄水量可以少吃、少运动并尽量呆在凉快的地方。浑浊或有颜色的尿液是人体脱水的表现。要使尿液恢复清澈，就必须喝足够的水。

水分流失的后果

流失1%—5%	流失6%—10%	流失11%—12%
口渴	头痛	精神错乱
不舒服	昏眩	舌头肿胀
没有生气	口干	痉挛
急躁	四肢刺痛	耳聋
没有胃口	皮肤出现蓝斑	视野变暗
皮肤发红	言辞含糊不清	皮肤失去知觉
脉搏加快	呼吸困难	皮肤开始萎缩
恶心	不能行走	不能吞咽
虚脱	视线模糊	死亡

水的需求
即使人处于静止状态，人体每天排汗、排尿和呼吸也要消耗1升水。水占体重的比例为75%，水分流失，哪怕是一点点，也会危害健康。

宿营必需品

只有亲身经历，才知道旅行时需要携带哪些必需品，哪些物品没用。每次旅行后把没用的物品去掉，再添上真正有用的东西。一物多用的物品尤为实用。

有用的工具

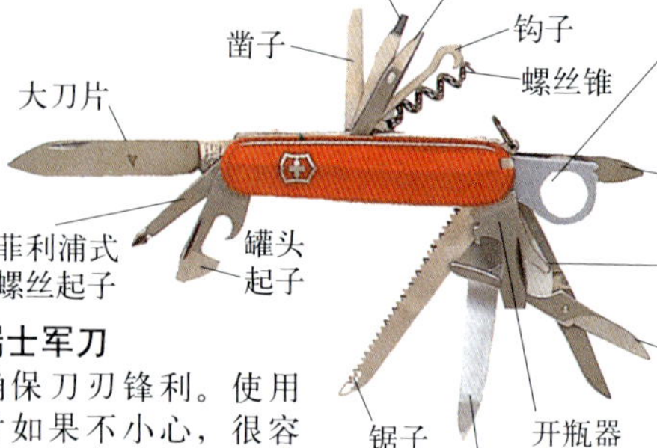

瑞士军刀
确保刀刃锋利。使用时如果不小心，很容易磨损军刀上的其他器具。

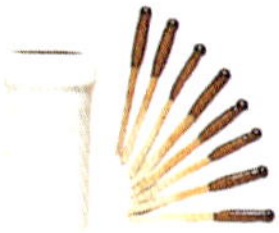

防水火柴
在火柴头上加一层蜡以保持干燥。

手电筒
手电筒的体积须小，但光束须强。即使手电筒本身具有防水功能，也要把它放在塑料袋里。

开罐器
在吃罐头里的固态食物时，可以先用开罐器打开倒出里面的果汁，这是很好的开胃食品。

地图
把地图放在防水盒子里，整齐地叠好并露出你所在的位置。

指南针
在野外旅行时指南针是必不可少的。

望远镜
选择体积小、结实的望远镜。即使使用说明书中注明望远镜本身有防水功能，也要把它存放在塑料袋里。

洗漱用品

在野外尤其应当注意个人卫生。每个细微的伤口都应仔细清洗以防感染。药物洗发水能预防头虱。

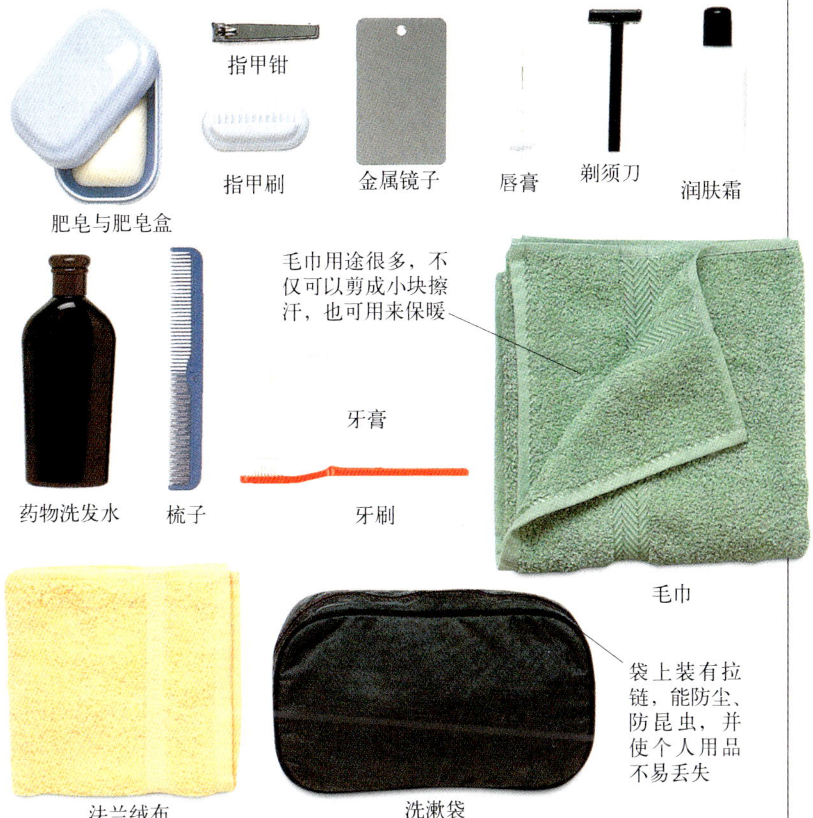

特殊药物

虽然目的地各不相同，但旅行者都要准备相应的药物，比如在丛林中行走时，尖刺的树枝会刮破皮肤，因此应该携带抗生粉。

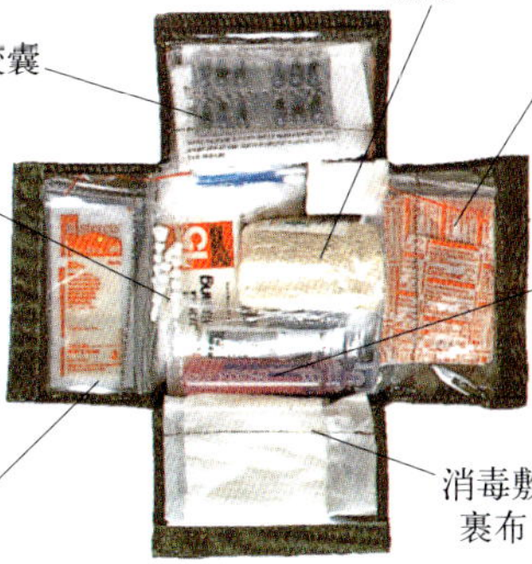

丛林医药箱

求生背包

背包族的求生背包包括最基本、最重要的急救器械，求生背包和急救箱都必须携带， 所有的器械统一放在一个容器里。记住，信用卡是最方便、最有效的求生工具。

钓鱼线
用结实的钓鱼线钓鱼、捆东西。

钓鱼钩和钓丝锤
准备大量的钓鱼钩、浮子和小的鱼钩来钓大鱼和小鱼。

解剖刀
解剖刀有多种用途，把刀刃放在浸油的原装袋里。

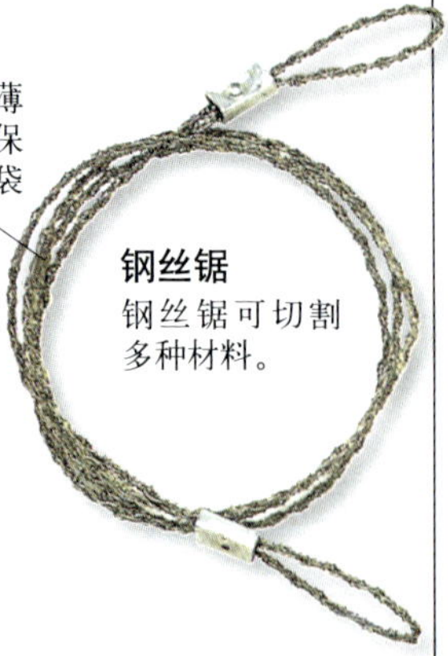

涂上一层薄的润滑油保存在塑料袋里

钢丝锯
钢丝锯可切割多种材料。

铅笔
用铅笔记日记、画地图，或记录紧急情况下可食用的野生食物。

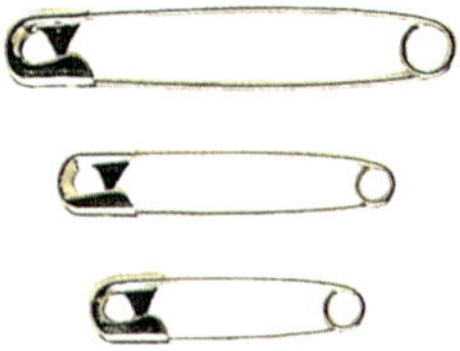

安全别针
用来别住衣物、睡袋或帐篷。

细金属线
细金属线有较好的柔韧性，易弯曲但不断裂。

高锰酸钾
结晶状的高锰酸钾能过滤不纯净的水，治疗真菌感染。

反光器
太阳穿过反光器的小孔反射到飞机上，以引起飞行员的注意。

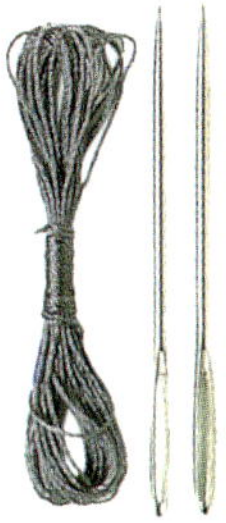

缝纫包
购买大孔针眼的针和防水线并把它们保存在塑料袋里。大扣子不仅能用来固定帐篷的底边，也能贴在裂缝处。

盐
排汗和排尿耗尽了体内的盐分，导致肌肉痉挛，在饭菜里加一撮盐有利于预防痉挛。

塑料袋
可用塑料袋装水或遮头。

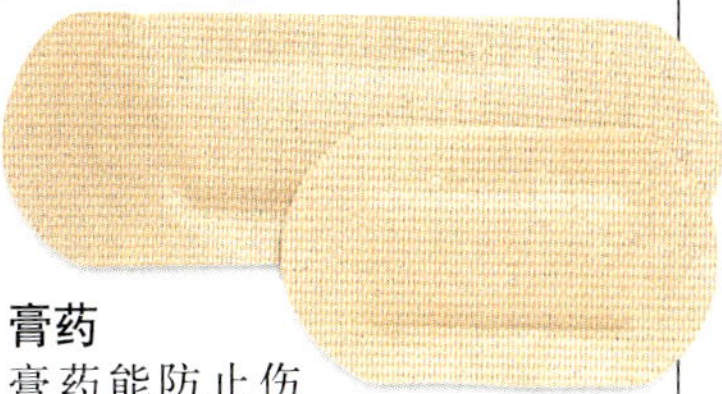

膏药
膏药能防止伤口感染，或贴在脚上的水泡处，帮助康复。

抗生药片
仅适用于紧急情况。

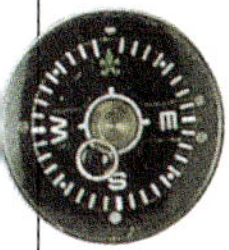

扣形指南针
最好选择有发光标度的指南针。

净水剂
仅适用于紧急情况。

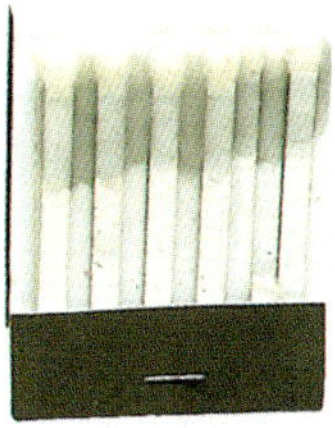

火柴
在火柴头上涂一层蜡可防水，擦火柴前把蜡去掉。

放大镜
利用放大镜把太阳光聚焦在易燃物上将其点燃。开始燃烧时可以逐渐添加燃料，直到完全燃烧为止。

蜡烛
蜡烛是用来点火而不是用来照明的。

贮存罐
把求生用品放在一个有盖的罐子里。为保持干爽可用胶带密封。每次用完后把它放回原处，这样便于拿取。贮存的物品应在贮存罐上标注。

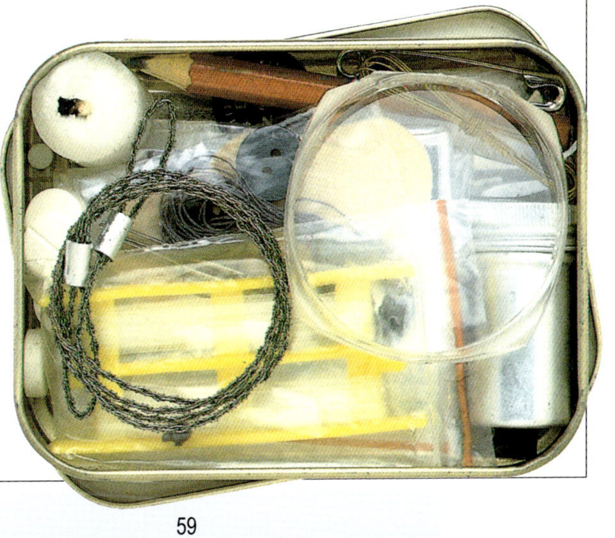

修 补

及时对破裂的地方进行缝补——在出发前应检查你的全部行李是否有破洞或线缝脱落处，哪怕是新的物品也不例外。刀刃必须保持锋利。

缝纫用品

中期和长期旅行时应该携带缝纫用品。短期旅行时可以用胶带或线临时进行缝补。针会生锈，应保持干燥。

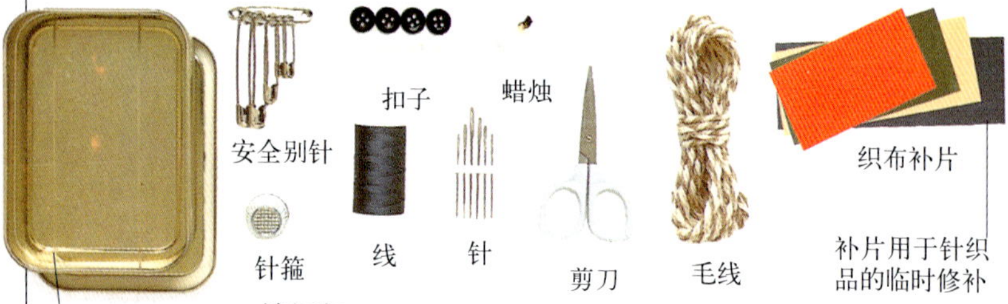

缝纫包

为了使针能穿过坚韧的材料，可以在手上戴一个针箍。用大的织补针补袜。针的针眼应该足够大。黑线或白线应能轻易卷成团，在线上涂一层蜡可以使其变结实并能防水。

缝补睡垫

与泡沫睡垫相比，充气睡垫携带方便，但如果被刺穿的话，充气睡垫就报废了，因此必须带上修补箱。

1 在破洞上涂上橡胶水，涂的范围比破洞稍宽，待橡胶水干燥。

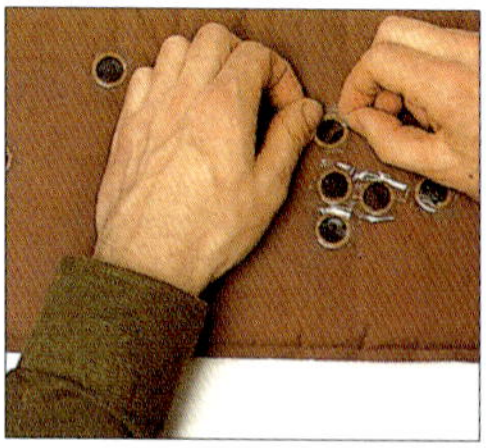

2 把碎布贴在橡胶水上，如果粘得不是很好，可以重试一下，让橡胶水干透。

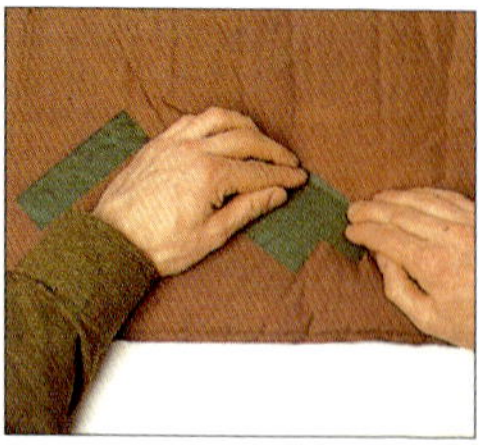

3 可以把一大块黏性碎布贴在个别破洞处，并使劲按压以使其粘稳。

切割工具

如果小刀的刀刃足够大的话，可用作斧头、弯刀和锤子。携带刀具应遵循相关的管理条例。

反曲刀
反曲刀是尼泊尔廓尔族步兵团发明的，有几种不同的种类，在世界各地都能买到。反曲刀是一种重型切割工具。大多数野营用刀不能用来砍木头，但反曲刀可以。为安全起见，应该把它保存在皮鞘里。

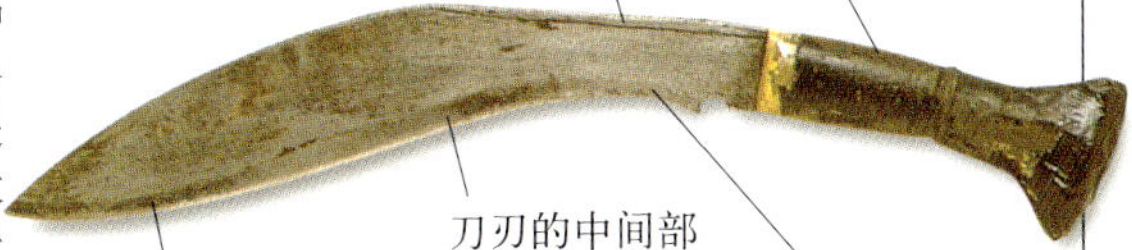

小刀
用一把坚韧的小刀来切东西。用一根结实的细线把小刀挂在颈部或腰部。小刀应保持锋利。

线锯
线锯为求生背包中的一件重要物品（见第58页），由两股金属细线盘成。可用线环作把手，线锯的锯齿很细密，使用时需小心。

磨刀

1 在磨刀石上洒一点水，把刀刃边端放在石头上，上下磨动。

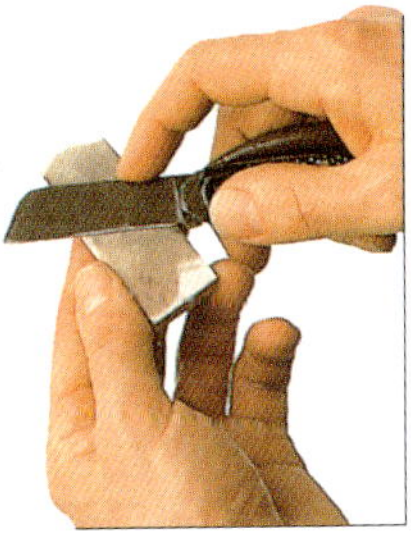

2 磨完一侧后，用手试一下另一侧的磨损处，注意不要太用力以免弄伤手。

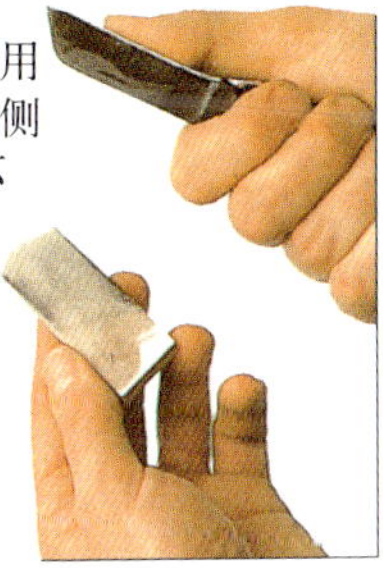

3 把刀刃的另一侧磨光，在磨的时候应注意一下，不要集中在一处磨，可换磨刀石的中间部位，并在磨刀石上再洒一点水。

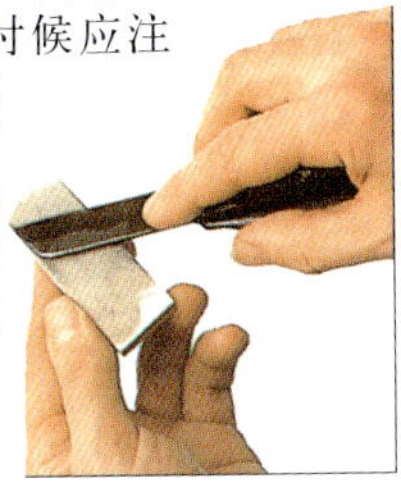

4 在皮带上上下擦刀，这样会使刀刃光滑并把上面的金属碎屑擦掉。

整装待发

要想在野外过得舒适，用品的质量不是主要问题，最主要的是必需品是否带齐了。每一样必需品都应便于拿取，必须携带修补工具和修补材料。

准备常用品

出发前对旅行用品进行适当的调整，能使旅途生活更方便。询问其他背包族是如何安排旅途生活的。

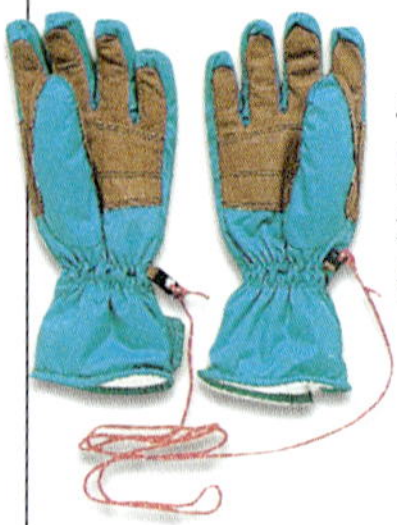

手套
用绳子把手套连在一起以免丢失。

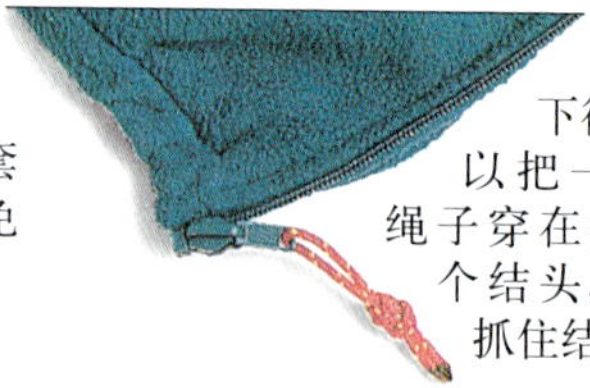

拉链
恶劣的气候条件下很难抓紧拉链，可以把一根一定长度的绳子穿在拉链上，两端打个结头，拉拉链时只要抓住结头就可以了。

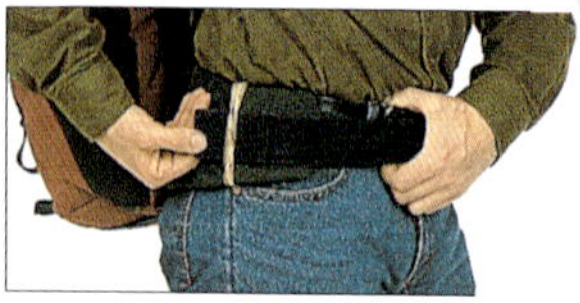

弹力腰带
弹力腰带绑在腰间，在旅途中有多种用途。

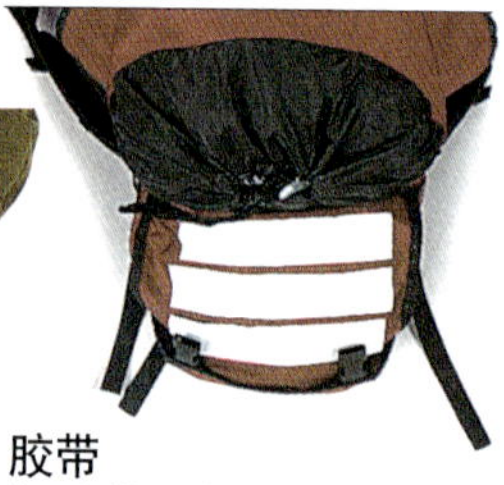

胶带
把胶带放在背包里，用来修补物品。

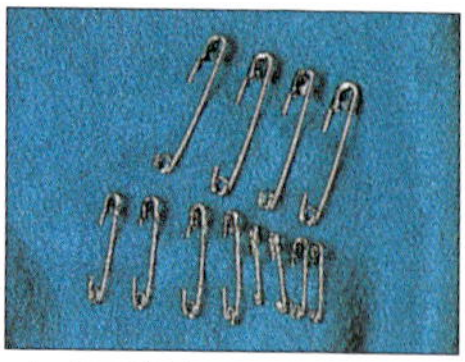

安全别针
把尺寸大小不同的别针放在夹克衫里能防止其生锈。

系鞋带

鞋带只系一端，便于系紧，也便于脱鞋，易于整理，方便安全。如果靴子磨脚，可不将鞋带穿过痛处的挂钩或孔。

1 把鞋带的一端打成结头，结头位于最底端的孔眼的外侧。

2 把鞋带穿过两侧的孔眼往上系，系到顶端后绕脚踝一圈。

3 把鞋带从脚踝处已绕出的环中穿过去。

背包的运输

在飞机上，背包上的带子、钩子、带扣很容易坏。把背包装入一个结实的袋子里，避免运输过程中的损坏。

1 把背包放入结实的袋子中，背带朝上，便于把背包取出来。

2 拉上拉链，再用绳子捆严实，便于行李搬运工搬运。当往上提袋时，里面的背包应是水平放置。

箍带的使用

走路时若裤脚变湿，会使小腿、脚和袜子也变湿。若把裤脚塞入靴子中会令人不舒服，可用箍带绑好以免裤脚滑下来。

1 用两根橡皮箍箍在脚踝处，但应注意不要过紧，以免影响血液循环。如果找不到合适的橡皮箍，可以用两根松紧带把它们缝成环状。

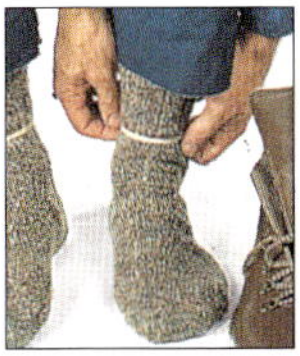

2 穿上远足袜（见第39页）并把橡皮箍箍在袜子上。

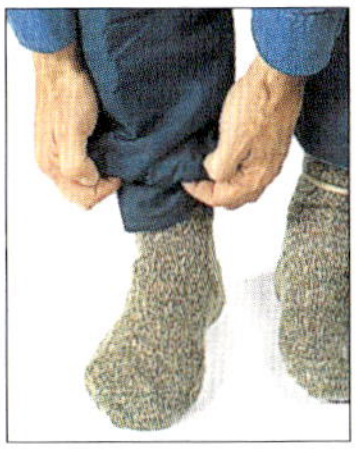

3 把裤脚拉长过橡皮箍，再往上卷起箍入橡皮箍内，这样裤脚形成了一个松紧边。

4 调整裤子长度，直到裤脚跟靴子的上端差不多高时就可以了。裤脚不能箍得太紧。

4 拉紧鞋带，形成一个简单的结头，然后把鞋带向中间扯紧。

5 打一个结就够了，如果你不放心可以再打一个结并扯紧。

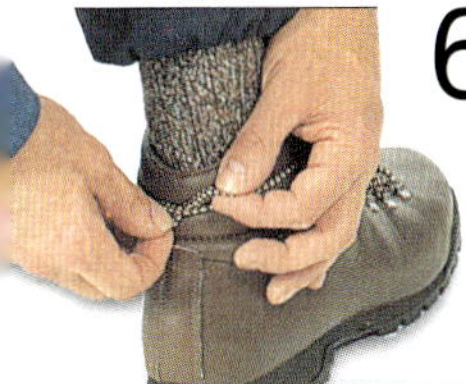

6 打结后剩余的部分绕脚踝几圈，然后塞在一个圈内。

7 绕成的环可以保护脚踝，但注意不要过紧，以免影响血液循环。

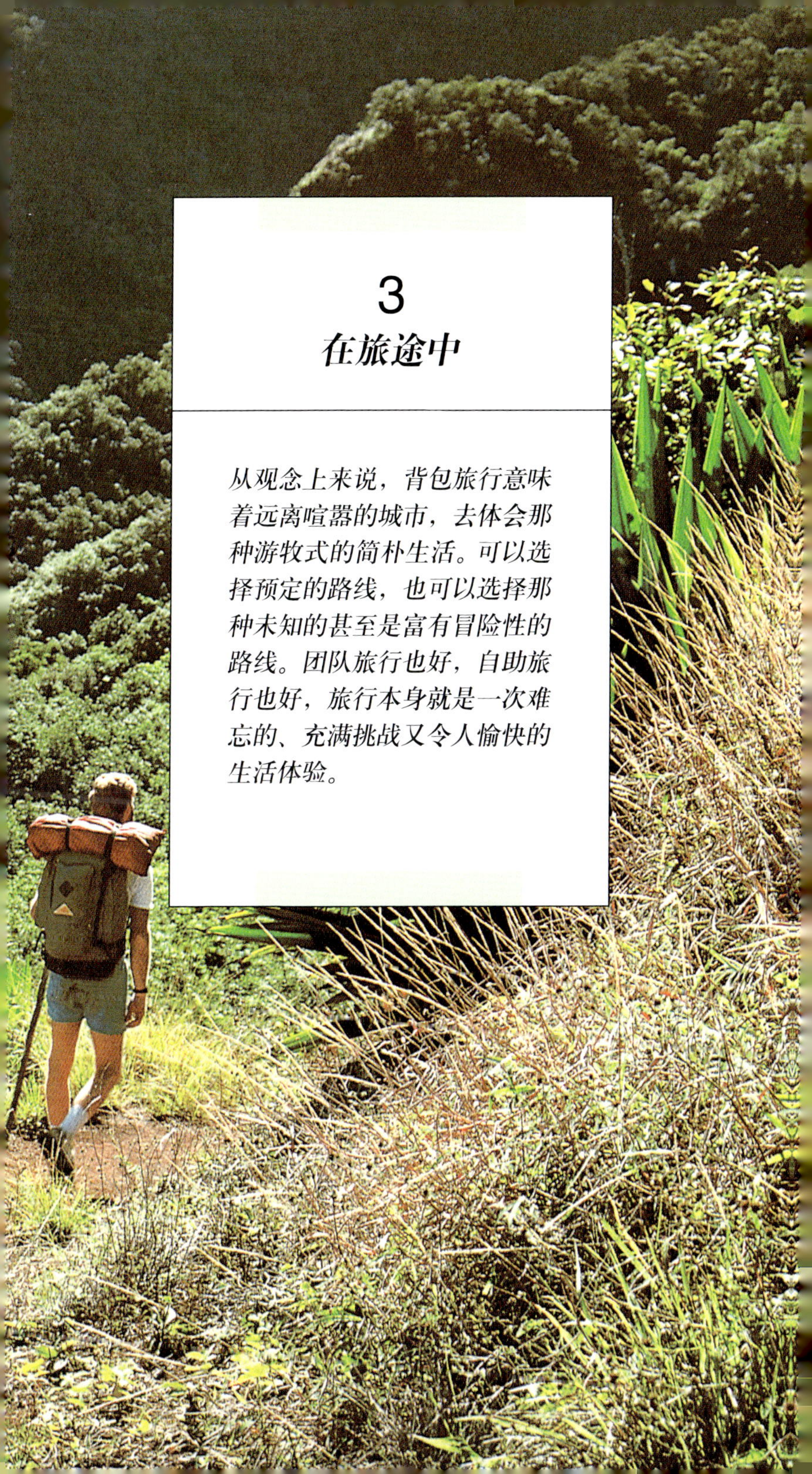

3
在旅途中

从观念上来说，背包旅行意味着远离喧嚣的城市，去体会那种游牧式的简朴生活。可以选择预定的路线，也可以选择那种未知的甚至是富有冒险性的路线。团队旅行也好，自助旅行也好，旅行本身就是一次难忘的、充满挑战又令人愉快的生活体验。

享受野外生活的乐趣

野外背包旅行能使你完全摆脱文明世界的生活压力和工作重负。进入一个不同的时区和不同的生活空间，你可以无拘无束，日出而行，日落而归。

写旅行日记

写旅行日记和拍照片一样重要。当新的生活体验与你的先入之见有差异时，写旅行日记有助于你独立思考。日记记载着你的思想历程。

仰望星空

在没有电灯的野外，美丽的星空会深深地吸引你。没有月亮、没有街灯、没有大气污染时，星星的可见度最佳。根据星空指南提前确定你想要观察的星星，如果事先没有计划，而是边观察边用电筒查阅星空指南的话，会失去观察的机会，因为获得最佳的夜间视力大约需要半个小时，等你看完星空指南再抬头，又要重新花上半小时。如果你必须在黑夜查看星空指南，可带上一个滤红光电灯并闭上一只眼——这样有利于重新调整夜间视力。

观察野生动物

最好在黎明时分进行观察。这时，所有鸟类和动物都醒了过来。慢慢地、轻轻地移到动物可能出现的地方，耐心等待。

水源
水源能把动物从很远的地方吸引过来。特别是在黄昏的时候，各种各样的动物聚集在水边，为观察和拍照提供了一个绝好的机会。呆在动物进出的道路附近，并注意提防危险的食肉动物。

动物巢穴和繁殖地
不要去打扰动物的栖息处，否则，它们会抛弃其幼崽，大的动物会攻击你。

聚居地
观察动物走过的痕迹，如根据一棵被大象破坏了的树，可以找到其聚居地。

动物的行踪

观察动物会干扰其活动，但追随动物的行踪则可以让你了解其真实具体的行为。可以从水坑边的泥土开始观察。

河马
河马的足印是两道深深的、近距离的平行线。

熊
从熊的足迹可以推断其大小和步态。

美洲虎
美洲虎脚大，脚印深，步伐快，没有声响。

鹿
从动物的粪便可以鉴别其种类。

浣熊
浣熊一般在树上活动，很少在地面上留下足迹。

野兔
野兔用后腿发力跳跃，并留下明显的足印。

出发

一切安排就绪后，现在可以出发了。但要注意第一天的时间安排不能太紧，应该非常轻松——想什么时候出发就什么时候出发，吃一顿丰盛的早餐，并早一点寻找第一个宿营地。

走路技巧

为了避免受伤和不适，在出发前应练习背包行走。地形恶劣时，可以用手杖。

上山
身体前倾、步伐小、脚平放，千万不要踮着脚走路。

下山
身体后倾、步伐小而稳，以免膝盖疲劳。手杖也有利于减轻膝盖的压力。

陡坡
如果坡很陡或坡面光滑时，可以侧身行走，把手杖放在身后作支撑。

休息

出发 10 分钟后，可以停下来调整一下背包并检查行走方向。随后，每走 50 分钟就停下来休息 10 分钟。在最后一名旅行伙伴坐下来休息时开始计时。天冷时，穿上暖和的衣服并戴上帽子以防热量散失。靠在背包上，放松一下，边吃零食边观望四周。

团队行进

团队旅行需要一个领队和一个副领队。无论发生了什么事，团员都必须团结一心。如果是一个大的团体，领队应指派一个人在前面探路。副领队必须擅长走路，走在队伍后面以保证走得慢的人不掉队。

副领队会要求领队走慢点，以保证走得慢的人不落伍

领队督促主部队，如果需要的话，走到队伍前决定行走路线

探路的人走在最前面，试探几条路线然后选择最佳路线

制作手杖

手杖能减少长途跋涉的辛苦。短暂停留时，可以用手杖撑起背包，也可以当做照相机架，或作打狗棒。

1 挑一根结实的直树，用刀砍下来，长 1.2 米左右。

2 为了使手杖握起来更舒适，选择粗一点的树枝，在离树杈 20 厘米处垂直砍断树枝，并把树干上其他旁枝砍掉。

3 活树会有树浆流出来，尤其是在春天。为了使手杖上的树浆干得快些，可以把树皮削掉。

把手杖表面削光滑

4 把手杖表面削光滑，尤其是在手把处，以免弄伤手。手杖底部应削平。大多数人喜欢略高于腰的手杖，但实际上再长一点的手杖更实用。

克服困难

在欣赏自然美景的同时，背包族还要面对各种困境，如变幻莫测的气候条件和各种恶劣的地形。远离文明世界，亲手解决各种问题，会让你真正体会到战胜困难后的成就感和满足感。

冷风

冷风能使当地气温急剧下降并带来骤雨。强风不仅能使行走变得艰难，同时，袭入衣服内带走热量和水分。

与寒冷搏斗

为了防止体热从头顶和颈部散失，应该戴上帽子。停下来休息时，马上穿上风衣，不要等感到寒意时才穿。把背包当做坐垫可以使臀部和冰冷的地面隔离。手放在口袋里，身体向前弓。

风寒指数

冷空气移动会影响风寒效应，这种影响体现在“风寒指数”上。如果你衣服湿的话，得风寒的可能性增大，因为衣服上湿气蒸发时会使体热散发得更快。

风寒效应

速度	温度（℃）									
静止	-7	-12	-18	-23	-29	-31	-34	-37	-40	-43
	相应寒冷温度（℃）									
8千米／小时	-9	-15	-20	-26	-32	-34	-37	-40	-43	-45
16千米／小时	-15	-23	-29	-37	-43	-45	-51	-54	-57	-59
24千米／小时	-20	-29	-34	-43	-51	-54	-57	-62	-65	-68
32千米／小时	-23	-32	-37	-45	-54	-59	-62	-65	-70	-73
40千米／小时	-26	-34	-43	-51	-59	-62	-68	-70	-76	-79
48千米／小时	-29	-34	-45	-54	-62	-65	-70	-73	-79	-82
56千米／小时	-29	-37	-45	-54	-62	-68	-73	-76	-82	-84
64千米／小时	-29	-37	-48	-57	-65	-70	-73	-79	-82	-87

□ 气候条件不佳，应穿上保暖外衣
□ 皮肤长时间暴露会冻伤
□ 不宜外出旅行，皮肤在一分钟内即会冻僵
□ 30秒钟内暴露的皮肤会冻僵

恶劣的地形

虽然你想方设法避免恶劣的地形，但有时往往防不胜防，别无选择。遇上恶劣的地形时，应该慢慢地移动，时时刻刻注意安全并运用正确的行走技巧，不要贸然行动。

卵石地带
背着很重的包在卵石路上行走，稍有不慎，就会折断腿骨，如果不能绕道，就应该一步一步地试着走。

碎石坡
在碎石坡上行走时，应侧身走，并用手杖或雪橇杆撑着，可以大跨步下坡，但要注意防止跌倒。

涝地

即使是在坡上或山顶上，沼泽地和湿地也随处可见。为安全起见，对那些在地图上标记的有沼泽地和湿地的地方最好"敬而远之"。在高沼地，则应时刻警惕小块沼泽地。

穿越沼泽地带
走每一步都要留意，尤其是在草丛中行走时。观察走在你前面的人的足迹，吸取他们的经验教训，并用手杖探路。遇到小块沼泽地时，可以冲过去或轻轻跃过去。

1 如果不小心踏入泥沼，单抽一只脚会使你越陷越深。在抽脚之前，应设法使身体平衡。

2 把背包放在坚硬的地面上，仰卧在背包上，先抽出一条腿，然后再抽另一条。

3 如果能把背包向前推，则可以俯卧在背包上，"游"出沼泽地，如果不行，那你就躺在原地，等候救援。

绳子的用途

在野外，谁也说不准什么时候绳子会派上用场。爬山时应使用天然纤维粗绳，直径至少为 3 厘米。绳子直径小于 3 厘米时，则须将绳子按适当距离打结，便于攀爬。在使用前，用身体重量测试一下所有的绳结是否打紧。

选绳

背包族可以选用粗缆绳和编织绳。天然纤维绳的耐热性比合成纤维绳强，但前者容易腐烂。在买绳时应留意绳子的质量。

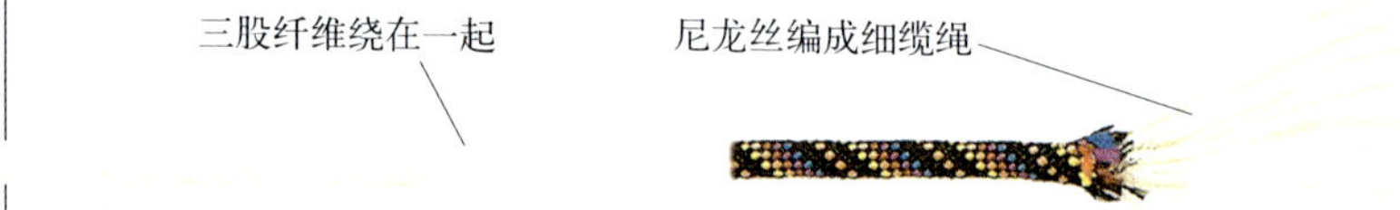

粗缆绳
粗缆绳很结实，由三股纤维绕成。剑麻、大麻或尼龙均可用来作粗缆绳。

编织绳
由细的缆绳打辫编成，并有一个护套。

结绳

把几根绳子结成长绳时，可用双层渔人结，用渔人结结成的绳子安全可靠。为了防止绳子滑脱，尾端应该留长一点。

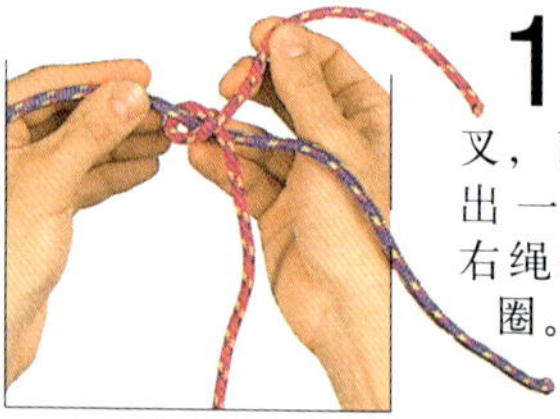

1 将左右两绳交叉，两端均留出一定长度，右绳绕左绳一圈。

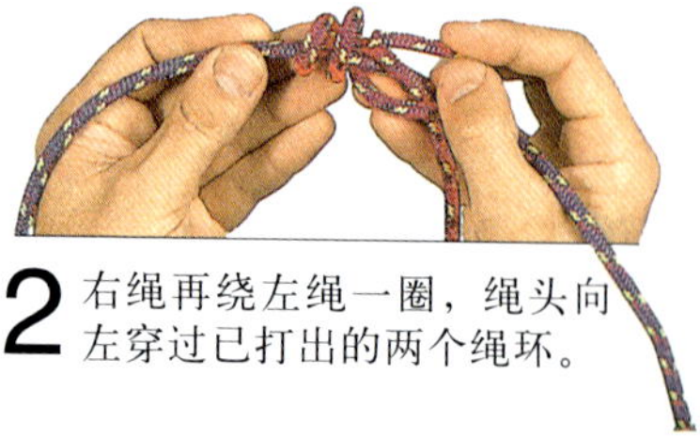

2 右绳再绕左绳一圈，绳头向左穿过已打出的两个绳环。

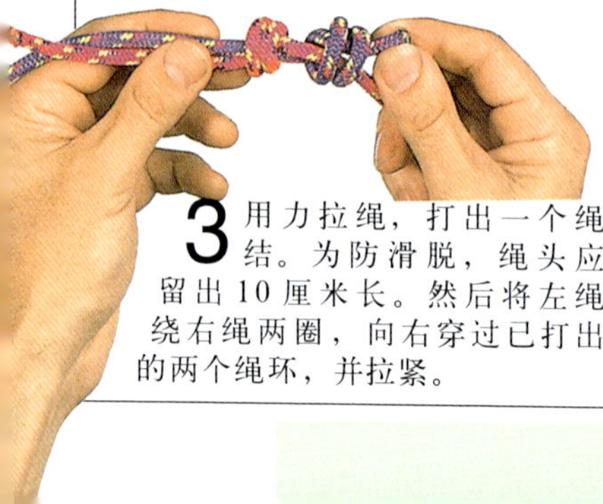

3 用力拉绳，打出一个绳结。为防滑脱，绳头应留出 10 厘米长。然后将左绳绕右绳两圈，向右穿过已打出的两个绳环，并拉紧。

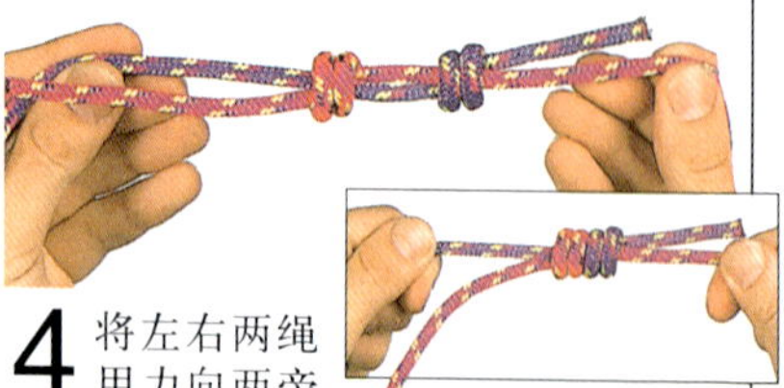

4 将左右两绳用力向两旁拉，若打结方法正确，两个结会并在一起。

盘绳圈

1 绳子上不要打结，并把绳子抖开。把绳子放在地上从一端开始。

2 继续盘绳圈，圈的大小应相同。后面的圈在前面的圈的内侧。可以用脚踩着固定绳圈。如果地面很脏，可以在手中绕圈。

每一组线圈的直径为50厘米左右

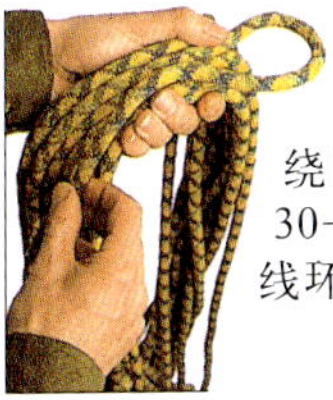

3 把最里面的线圈的端点绕回来形成一个30–35厘米长的线环。

4 把绳圈握在手中，绳端由外向里缠绕绳圈，包括第3步中形成的绳环，保留绳环。

5 绳圈上绕的绳子长度达10厘米时，停止绕圈，留3厘米长的线环。

6 把绳子的端点穿过线环，并用力扯紧。鞭子可当做提带提绳圈。

7 把绕线环的绳子的一端扯紧，这样线环就在绳子的下端，使其稳固。

化纤绳末端的修复

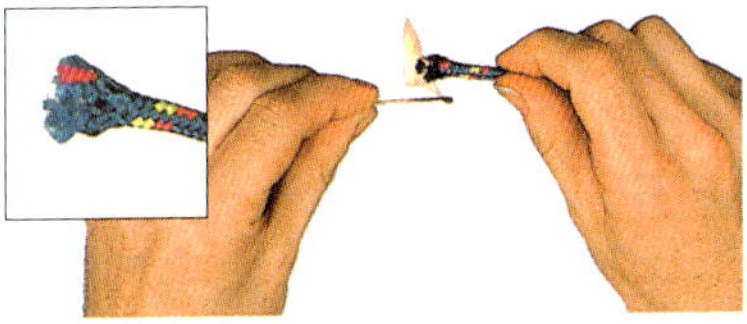

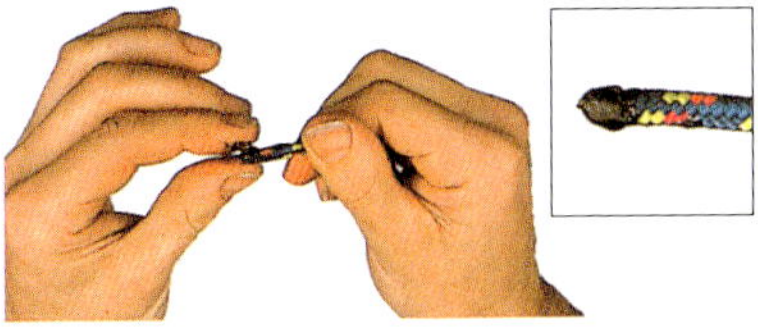

1 首先，必须把散开的绳端熔在一起。点燃发散的一端直到它们熔成一团（修复天然纤维绳末端时，应把散开的一端用细绳捆好）。

2 绳端熔成一团后把火吹灭，用湿手飞快地把热团捻成大小与绳子直径相同的圆筒形。如果手不湿的话，熔化的塑料会粘在手指上灼伤手指。

用8字结做系绳

用 8 字结结成的绳子有多种用途。8 字结打好后，绳子上会有一个绳环。绳环置于系绳处，当绳子受力时，系绳不会松落。可以用绳环穿岩钉钢环或其他物品。

1 把绳子对折，长1米左右。把对折后有环的一端绕过主绳，又形成一个大的绳环。

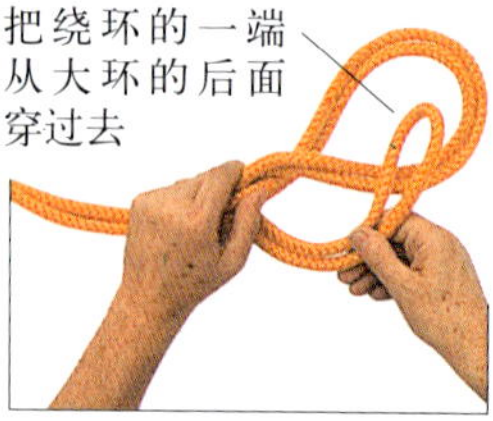

2 继续把有环的一端向前绕过绳结，然后，把它从后面穿过大的绳环。

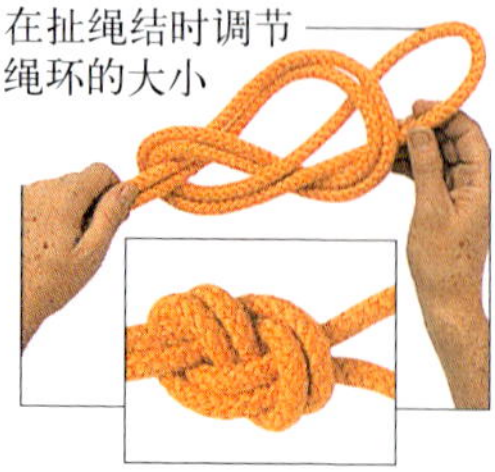

3 把形成的绳结扯紧，在扯紧时可调节绳环的大小。

用8字花式做救生索

用 8 字花式做成的救生索可绑在腰间（第 2 步、第 4 步），不会滑动也不会松开。跌倒时，绳结可以使绳子不勒住腰部。

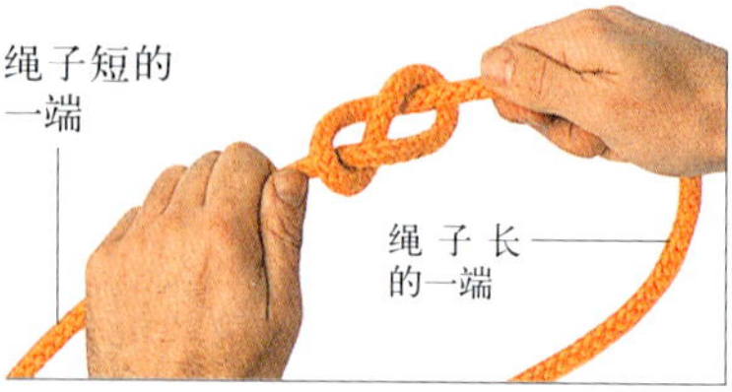

1 在离绳端至少 2 米处，将绳向上绕，穿过绳子的下端再向上绕一下，然后把绳端从后面穿过线环，并把结头扯紧。

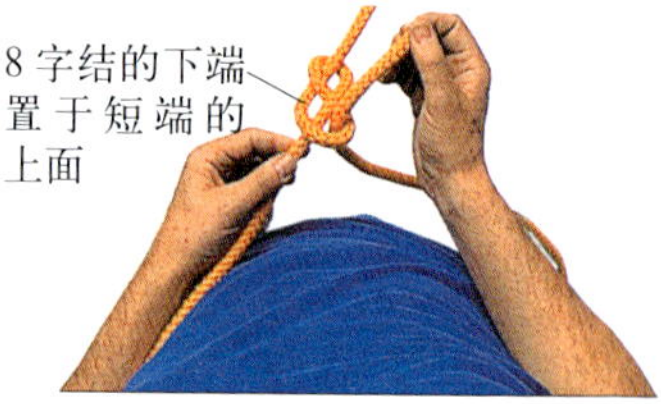

2 手拿绳结，将 8 字结的下端靠近腰部。将绳子短的一端绕住背部，并将其从后面穿过绳结和 8 字结的下端。

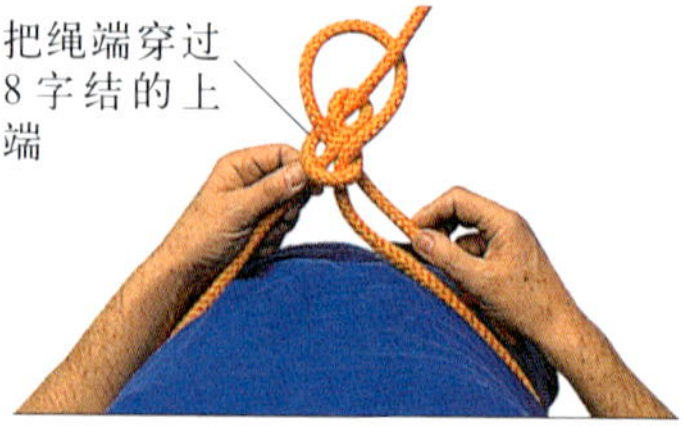

3 把绳端置于结的左边，放在主绳的下面，并由前至后将其穿过 8 字结的上端。

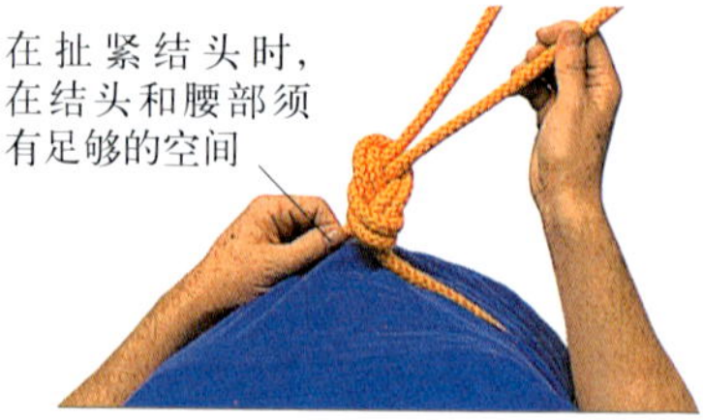

4 把绳端放在左边，并沿绳结底端绕一圈，将其穿过 8 字结的上端并扯紧。

用绳拖

可以用绳子拖住爬山时跌倒的人。在高处，如果你的同伴跌下去了，你必须保证自己不被其扯下去。

1 把绳子绕在肩膀上，找一个能拴住系绳的地方。

2 把绳子的一端在腰部打一个8字结，并多留几米，用这段多出来的绳把自己绑好。

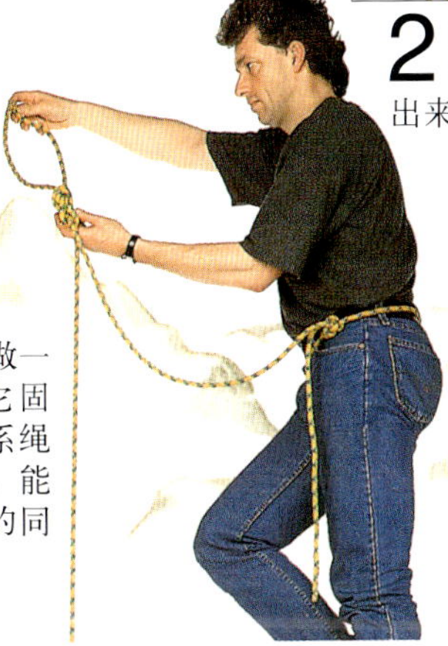

3 用8字花式做一个环并把它固定在系绳上，系绳必须足够结实，能禁得住你和你的同伴。

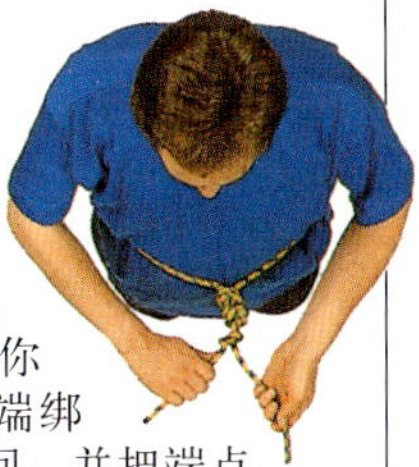

4 从系绳处把绳子丢下去，你的同伴把绳端绑在自己的腰间，并把端点系紧以免绳子滑动。

5 把绳子往上扯，感觉一下你同伴的体重。当他开始往上爬时，继续扯绳（他口中喊“开始爬了”以提醒你）。如果他想往下或往上边移动，他会喊：“把绳子多放下来一点！”你就应该再松开一点。应该抓牢直到你的同伴绑好了系绳。

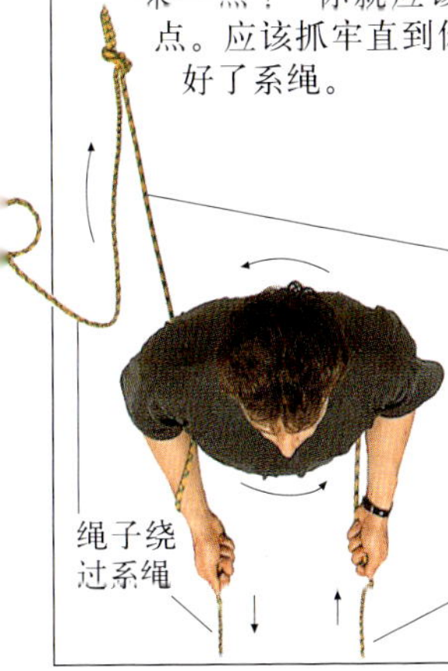

撑住跌倒的人

如果你的同伴跌下去了，你应站稳脚，同时身体向后倾，并把一只手紧紧地抓住绳子，注意不要拖住或靠在系绳上——用自己的力量能禁得住你的同伴，把他放到一个低一点的地方，让他开始往上爬。

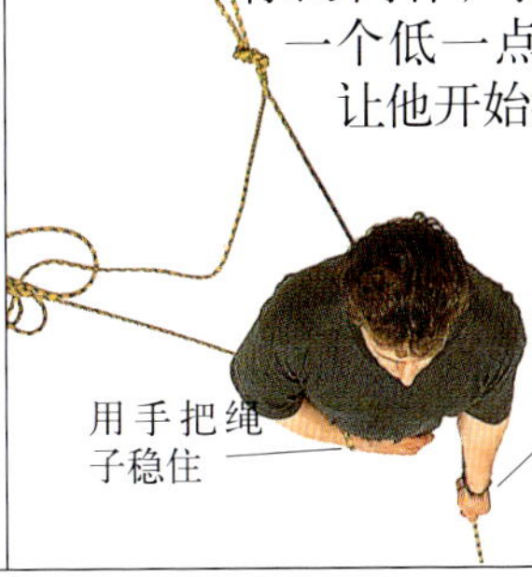

过雪地

在冰雪地带旅行，需要专门的技巧和设备。在雪地上行走时，不要等到出汗才把衣服敞开或脱掉，尤其是在出太阳时。停下来休息时应当马上把衣服穿上。

圆高领衣服

圆高领衣服有良好的保暖性，但必须有拉链以利于汗液排出。外套须能防风、防雨，并且透气性良好。

兜帽
为了防止受冻，必须把身体包得严严实实的，兜帽必须足够深，能拉向前遮住脸部。

手套
你需要三种类型的手套。做细活时，可以脱掉外面的连指手套，只戴一双薄手套。毛纺手套戴在中间，外戴一双防水的连指手套。

茄克衫
茄克衫必须能防风，并足够大，以容纳几层内衣服，同时须具有良好的绝缘性。

冰斧
在冰坡上可以用冰斧凿阶梯，滑倒时，可以用来制动。

冰锤
在攀登时，用冰锤把冰钉锤入坚固的冰里。

裤子
在外裤或高腰背带裤外加穿一条防风罩裤。拉链设计便于排泄，同时又不会使肌肤暴露太多。

靴子
在帐篷或宿营地周围活动时，靴子须有绝缘性好的塑胶靴面和厚实的靴底，同时应穿几双厚袜和薄袜。

在冰雪地上行走

在冰雪地上，溜比走更容易。穿雪靴走路是一件很费力气又需要技巧的事。行走时，须注意地面的障碍物。旅行团的团员可以用绳连在一起，尤其是在有冰隙的地方。

山地滑雪板
山地滑雪板的表面比较粗糙，其底部粘有合成纤维，上坡时，滑雪板表面能产生牵引力。

滑雪橇

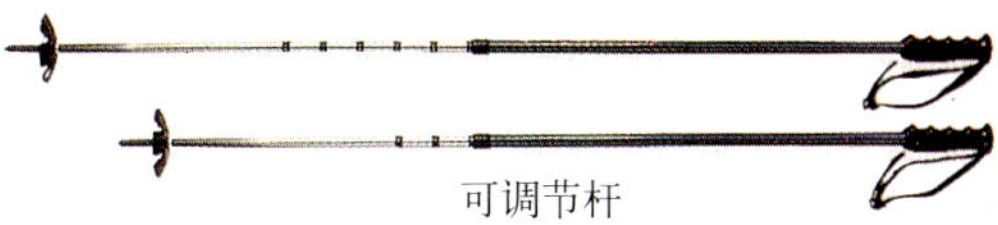

可调节杆

越野滑雪板

越野滑雪板
越野滑雪板长而窄，底部向顶部稍微弯曲成拱状。向前滑雪时，后脚向后压后侧的滑雪橇以使其稳定，另一侧的滑雪橇则用雪杵推动使其滑动。

越野滑雪板的模压底面能防止在溜冰时向后滑倒

越野杆

鞋底钉盘
为了增大靴子与地面的摩擦力，通常在靴底绑上钉盘。钉盘一般有 8，10 或 12 颗钉子。前伸靴钉仅适用于冰地滑行。

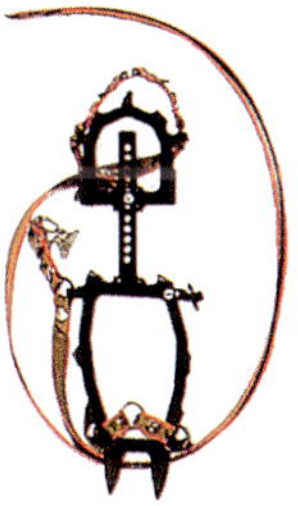

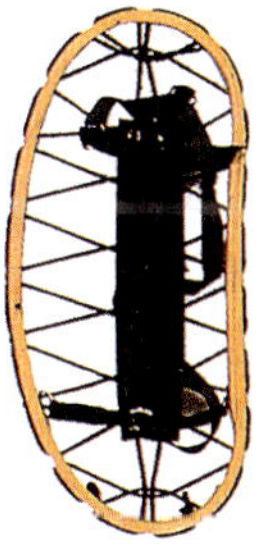

雪鞋
雪鞋能加大身体与地面的接触面积，如果缺少练习的话，穿雪鞋与穿雪靴一样费劲。

视力保护

大量的紫外线经过雪的反射进入眼内。冰川眼镜上有保护性的侧嵌板和强的滤光器，以阻止有害的紫外线进入眼内，同时还能防止炫目的光线刺伤眼睛。在刮风的大雪天气里护目镜的保护作用更强。冰冻环境里更须时刻戴着护日镜。

护目镜

侧嵌板能更有效地阻止有害的紫外线

冰川眼镜

涉 水

水，尤其是流水，是很危险的。在涉水前，找找是否有桥或浅滩。记住，站在岸上，是无法观测水底情况的，况且水中也存在各种潜在危险，因此，在涉水时一定要小心。

估计横渡点

了解了所有有关涉水的注意事项，根据水流及水面情况就可以判断横渡点的安全性。涉水前一定要估算对岸的高度。

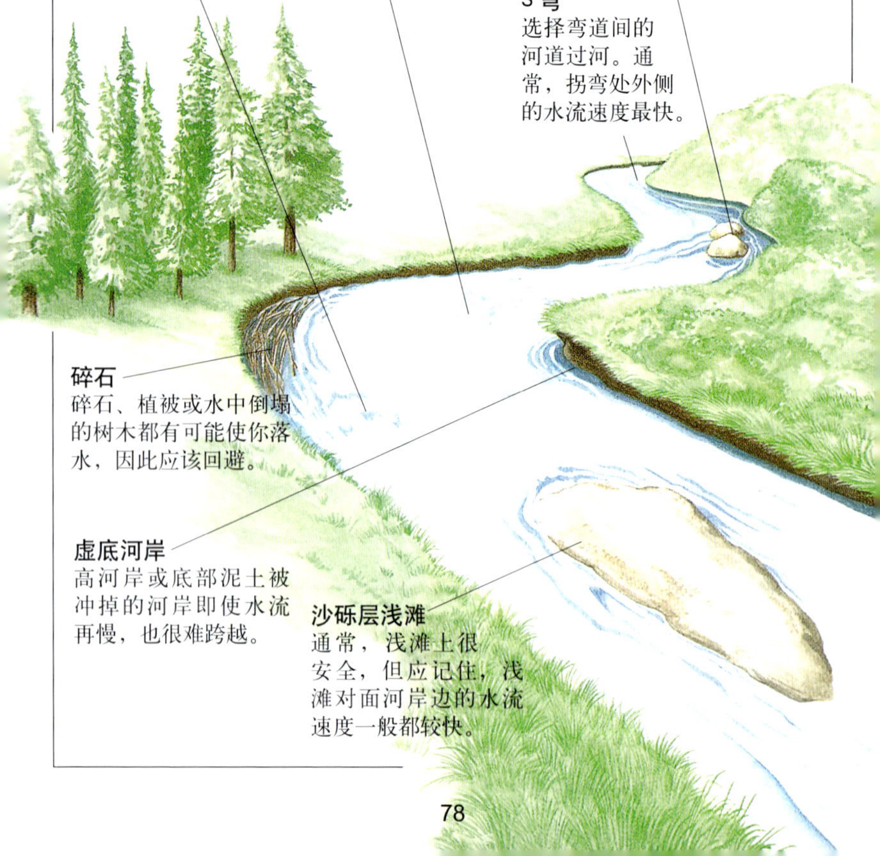

定波
水下的岩石或强的水流导致水倒流形成定波。

隐蔽的岩石
水下的岩石使上面的水倒流，形成涡流。

暴露的岩石
暴露的岩石一般都比较滑，岩石旁边的河床一般都比较深。

S 弯
选择弯道间的河道过河。通常，拐弯处外侧的水流速度最快。

碎石
碎石、植被或水中倒塌的树木都有可能使你落水，因此应该回避。

虚底河岸
高河岸或底部泥土被冲掉的河岸即使水流再慢，也很难跨越。

沙砾层浅滩
通常，浅滩上很安全，但应记住，浅滩对面河岸边的水流速度一般都较快。

单独涉水

单独涉水时，用手杖探测水中的岩石或洞穴，然后把手杖当做第三条“支撑腿”放在身前，抬脚时身体靠在手杖上，侧身走。

用绳涉水

1 B把绳子（救生索）的一端绑在岩石上，另一端给A（A为三人中最强壮的）。C把另一根绳（过河绳）的中央用岩钉钢环固定在河岸上，紧紧地抓住过河绳的一端并把另一端给A，A捆着两根绳过河，并用手杖探路。

2 A到达对岸后，把救生索固定在一块岩石上，把一个岩钉钢环穿到过河绳上，然后把过河绳缠在自己身上。岩钉钢环沿绳滑到对岸，B把它穿在腰带上。B沿着救生索过河，C慢慢放过河绳，A收过河绳，在B滑倒时，可以救助B。

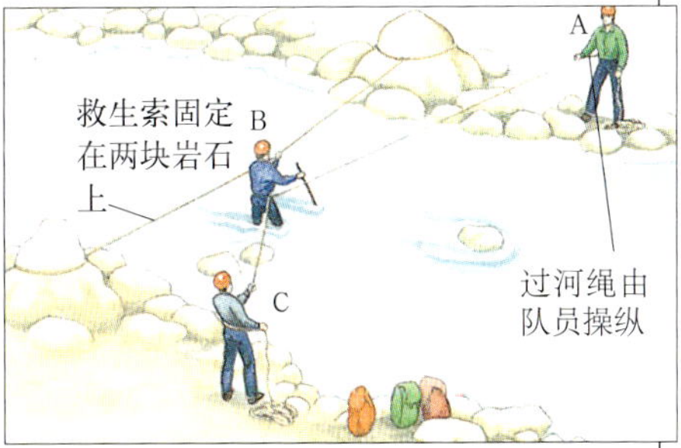

3 B解下岩钉钢环把它穿到救生索上，C用岩钉钢环绑好背包，把背包扯过河去。救生索尽可能拉直以免背包浸入水中。C把救生索解下来绑在自己身上过河。A和B拉住过河绳，随时准备帮助C。

船 只

在野外背包旅行时，你可能要使用小船只，有时是乘船，有时是自己划船。如果觉得船只不适于航行的话，千万不要凑合使用。如果觉得船夫不够称职的话，也不要轻易上船。

船上准备

往船上装载物品时，安全是首要问题，货物要均匀分布，不能超重以免船只下沉。船只离岸时，检查一下是否所有人都到齐了。

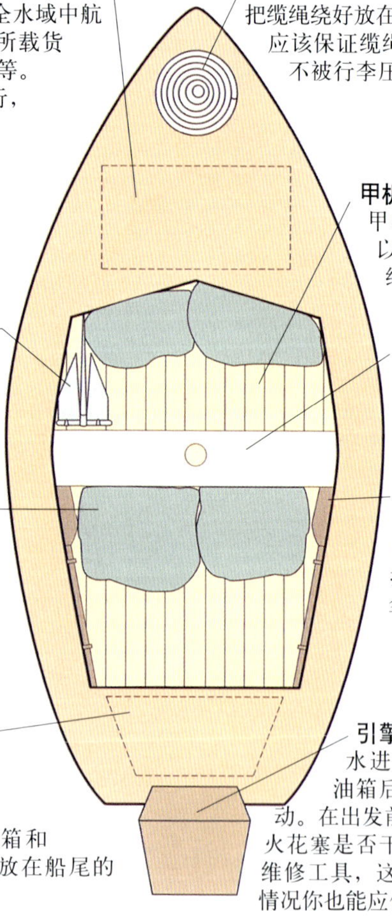

船头
当船只在平静的安全水域中航行时，船头与船尾所载货物的重量须大致相等。如果是在海中航行，或者船外引擎动力强劲的话，减轻船头所载货物的重量能使船头易于控制。

缆绳
把缆绳绕好放在船头，以备使用。应该保证缆绳不缠结在一起，不被行李压住。

甲板
甲板须保持清洁畅通，以免行李或其他物品绊脚。

锚
准备锚以备急用，但锚应捆绑好并加上衬扩垫放置，以保护船体。

乘客区
船只千万不能超载。

重物
个人的物品放在船中间，或靠近船尾，因为重物靠近船尾时船只的稳定性最佳。

短桨
把短桨捆好放在船的一侧，不能挡道，但应便于拿取。

船尾
如果使用船外引擎，所有相关物件，如备用燃油管、油箱和引擎配件等，都应放在船尾的防水箱里。

引擎
水进入引擎燃油管和油箱后，引擎就不能发动。在出发前，应该查看一下火花塞是否干燥，船上是否有维修工具，这样即便遇到紧急情况你也能应付。

物品防水措施

天气潮湿时，背包里的物品须采取防水措施。乘船时，背包本身须具有防水功能并能在水中浮起。

1 放入背包前，所有的物品都分放在塑料袋里，衣物应分放在几个小袋里。

2 用一个大而结实的塑料袋把所有的物品装起来，然后放入背包内。为了增加背包的浮力，在封口时，尽量不把袋里的空气压出来，同时空的水瓶也有利于增加袋子的浮力。

3 用防潮布、防雨布或帐篷罩布把背包包起来。

5 把两端绕紧，用绳子捆好，最好是两个人一起干。

把两端绕好以保证良好的密封性

4 用防潮布的两侧包住背包，确保其具有良好的密封性。

6 把防潮布绕好了的两端打一个结，结头尽可能拉紧。

双层提带便于在水中抓取背包

7 用两根行李带把背包捆紧，行李带越长越好，最好有带扣。

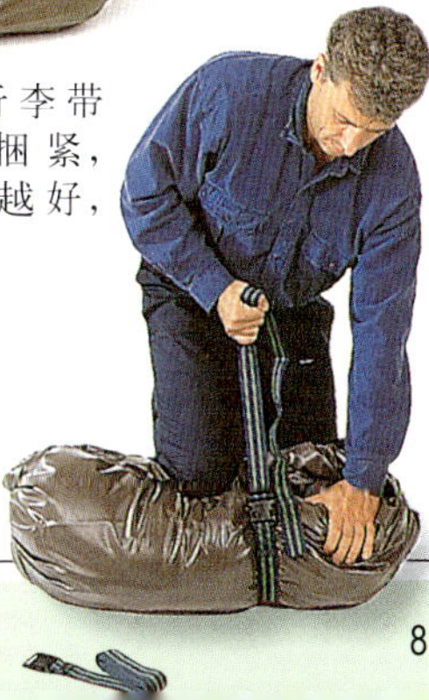

8 把两根带子的末端结在一起当做提带，这样，包浮起来时便于抓取。

骑脚踏车

脚踏车速度虽然快，但路面崎岖不平的时候会很危险，尤其是车上装满物品时。如果车轮坏了，要走很长一段路才能找到援助，所以，所有的旅行用品应既能放在脚踏车上也能背在背上。

脚踏车

骑脚踏车时最好按分层原则穿衣，在运动时如果觉得热的话可以脱下来，停下来休息或变天时又可以穿上去。

为安全起见，骑车时须戴头盔

穿上防风夹克，并准备一件套衫在休息时穿上，以防着凉

在夜间骑车虽然很危险，但有时不得不夜间赶路，这时可用头上的前灯照路

鞋罩可以使裤腿不被链条挂住，骑快车时可以使裤子不被路上的草木划破

骑车时可以穿软底运动鞋、旅游靴或专用脚踏车鞋

自行车修理箱

必须了解修理箱里每一种工具的功能，并练习使用。检查每样工具是否适合自行车的规格。

刹车跨线

底部固定夹

螺母和螺钉

底部固定夹可调锁用具

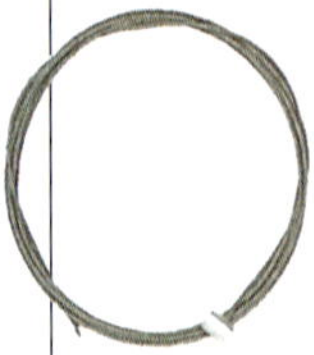

刹车线

弹性轮辐

打孔工具箱

气筒

油脂

活动扳手

轮胎杆

双头扳手

辐条扳手

曲柄抽出器

飞轮拆卸工具

内管

缝条用具

齿轮缆

物品运输

骑车时随身物品的运输方式视地形而定。如果是在公路上，可以把物品放在自行车上的包里和筐里，因为背扛自行车的可能性不大。路面崎岖不平时，遇到大的障碍物，必须下车把自行车扛过去。为了避免背部疲劳，可以选择既牢固又轻便的自行车，并把背包背在背上。这样，必要时自行车就可以扛在肩上。在出发前应该检查一下背包是否过重，如果过重的话会觉得行走很困难。

用背包

路面状况变化性很大时，背背包骑车行进具有很大的便利性。但同时，重心相应地提高了，稳定性相应降低，增加了摔倒的危险。

驮筐

装满了货物的驮筐可以使自行车的重心降低，从而使稳定性得到提高。前后驮筐必须保持平衡，左右驮筐的重量须相等。

晚上骑车，白色的盔帽更安全

骑车时注意力须集中，疏忽大意的话会使自己受伤或使自行车受损

两只手始终握住手把，应该提防路上的颠簸处或拐弯处

为了避免车辆打滑，身体重量必须完全落在车座上，将重量转到后轮上

带拉链的背包便于途中拿取物品

透明盖子的地图箱安放在把手架上

驮筐用钩子挂在车架上，驮筐底部用另一个吊钩固定在脚踏车框架上

前轮的货架放在毂轴的中间以利于操纵方向

链条探撑架足够长，后面的驮筐可以固定在后轴上

驮 畜

如果没有熟知驮畜习性的经验丰富的驯手，在旅途中千万不要租用驮畜。因为如果驾驭不当的话，即使是最强健的驮畜也会失去耐性，不听使唤。而且万一驮畜受伤，旅行者还要忙着找人及时治疗。

挑选驮畜

在旅行地各种驮畜中挑选合适的驮畜。驴子和无峰驼（美洲驼）的驮物重量和行走速度都不如骆驼和马。但如果行李不很重的话，可以选择驴子和无峰驼。

驴子

驴子在负重65千克时，一天可走13–16千米，而马在负重90千克时仍可行走50千米，驴子走得很慢，旅行者应与它们保持一致的行走速度。

无峰驼

按正常的行走速度，无峰驼可在负重达45千克时长途跋涉一整天。无峰驼脚上长有爪垫，在小路上行走的时候脚不会受伤。

狗队

为了成为第一个到达南极的人，英国探险者罗伯特·斯各特上校选用小型马驮物，结果失败了。而由罗德·阿蒙森领队的挪威队使用狗队驮物，击败了斯各特，第一个到达南极。

驾雪橇的人通过将自身体重从雪橇一边移向另一边来操纵

滑橇用坚硬的塑料做成以减少摩擦

传统的运输方式

在传统的极地旅行运输方式中，可以选用拖雪橇的狗队驮物。狗能吃苦耐劳，在大风雪中也能睡觉，而且行走非常迅捷，但结冰的地面除外（坚硬的冰块会割破狗的脚）。而且狗也比车辆好伺候。

骆驼

骆驼负重能力约为272千克。骆驼的腿很长，能安然淌过水流湍急的深水。其脚底宽而平，能过沙漠，穿雪地，即使是岩石地面，骆驼也能行走。

往骆驼上装物
往骆驼上装物是一件费力的事，有时还有危险。装物时，骆驼要跪着，在其驼峰间安一个鞍，为保持平衡，鞍两边所驮的货物重量应相等，多出的物品放在驼峰上。如果骆驼觉得所驮的货物超重，它会拒绝起身，并会尖叫，吐唾沫甚至会咬人。

在旅途中
无论是在温差极大的沙漠，还是在山地、沙地和雪地里，骆驼都能应付自如。如果劳动强度很大的话，必须每天给骆驼喂食物和水。骆驼每天至少可走27千米，在平坦的沙漠地里走得更远，但是骆驼会有高山反应。

照看骆驼
骆驼不是宠物，不必像照顾宠物一样精心。但是，每天都必须检查一次，看看其是否健康，是否被货物磨破了皮肤、是否被昆虫叮咬。同样，也应该查看一下有钉子的地方以免其擦破皮肤。

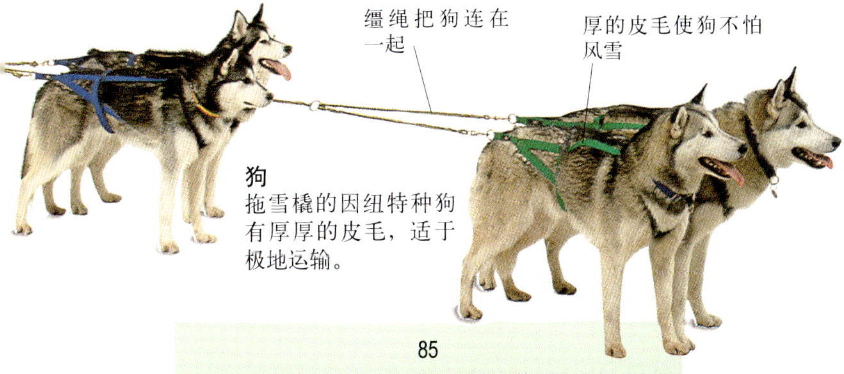

狗
拖雪橇的因纽特种狗有厚厚的皮毛，适于极地运输。

阅读地图

一张地图所包含的信息比一张航拍照片所含的信息多得多。应选用最新的地图，以便了解实地的最新变化。尤其应该注意发展中国家地图的精确度。

地图的比例尺

地图的比例尺在地图下方的图例中注明，为图上距离与其所表示的实际距离之比。地图的最佳比例尺为 1∶50000。

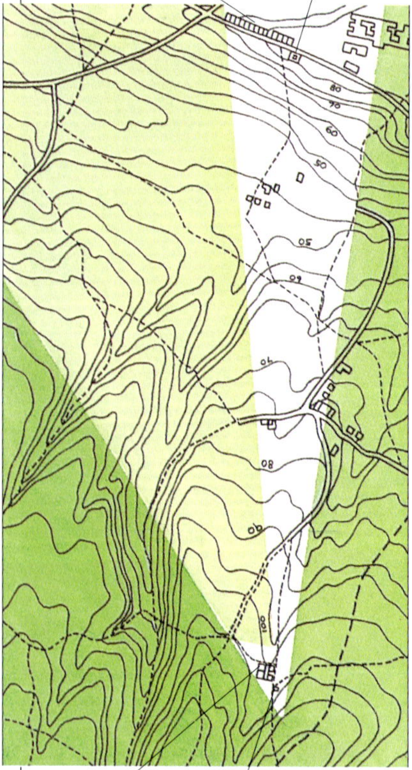

照片上看不见的地区

隐藏在远处的物体

远处可见的物体

地图与地面实物的比较

站在高处，你的视野局限在前面的一小部分范围之内。比较同一地点的照片和地图可以看出，照片的局限性很大，而且很难通过照片估算出物体之间的距离。而地图则不同，因地势起伏而被遮挡的实物也可以在地图上标示出来，尤其是那些隐藏在山后的低洼地带。手拿地图，用指南针可以判断眼前物体的方位并确定旅行线路在地面上的位置。

等高线

在地图上，海拔相同的各点连接成线即为等高线。地图图例告诉你每条等高线之间的高度差。如果等高线之间的距离很大，就不会在上面标示出峡谷或绝壁。

缓坡
等高线稀疏即表示为缓坡，悬崖不会标示出来。

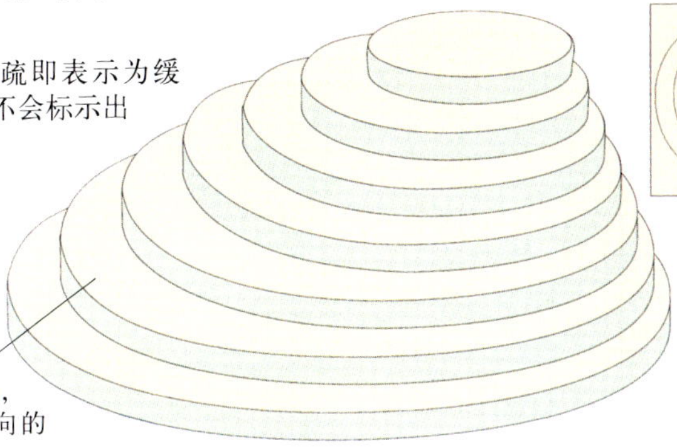

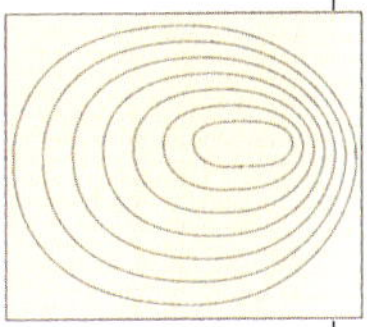

陡坡
等高线密集即表示陡坡。

等高线通常很精确，可作为定向的依据

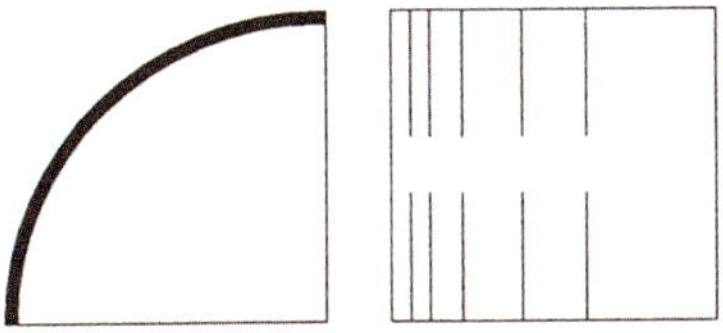

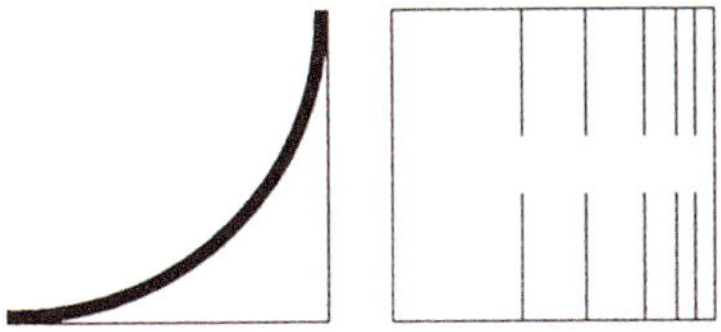

凸坡
在山脚，看不到凸坡的顶峰，爬山时往往找不到真正的顶点。在地图上，等高线在坡底密集，越接近顶部越稀疏。

凹坡
在山脚可以看到凹坡的顶峰。在坡底有一小的倾斜度。在地图上，凹坡的等高线向顶部延伸，越到顶点，坡度越陡。

坐标方格

多数地图都有坐标系，垂直线表示南北，水平线表示东西。在读数时，取所在位置左边的垂直线与地图底部水平线的交点来确定东向距离，图示为04。估测所在位置与左线之间的距离，取其10倍值，依图所示，约为0.5×10=5。所在位置的水平线即为北向距离，图示为41。因位置正好处于这根水平线上，其与该水平线的距离为0。在用数值表述时，习惯上将东向距离排在北向距离之前。

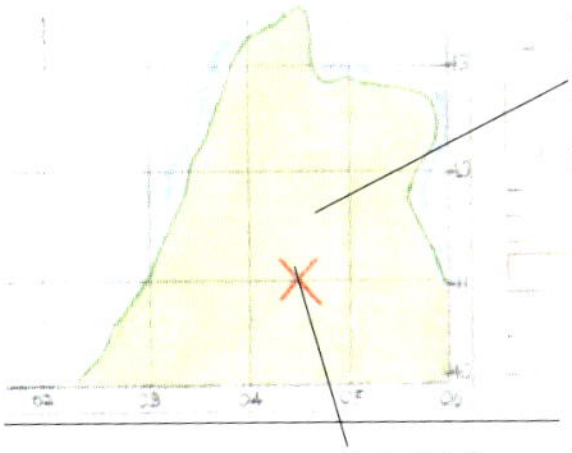

所处位置的东向距离位于两根垂直线之间

北向距离

精确的方位
左边的方法给出了6位数的坐标方位045410，有一些地图在数字前标出了方位字母（N或E）。

地面特征的辨认

熟练掌握了地图的读法以后，地表的各种地形特征就很容易识别。山、山谷、山脊、山脉的等高线各有其特点。

山谷
在地图上一系列的V形等高线表示河谷。

山
在地图上封闭的环状等高线表示山。

山脊
两山之间的凹地为山脊。在地图上圈起两组环状等高线的弯曲等高线即表示山脊。

山脉
在地图上，指纹状密集而平行的等高线表示山脉，封闭的等高线表示高峰。

互见距离

了解地图上哪些物体是实地可见的对识途很重要。右边的地图对OA、OB两根视域线进行了比较，纵剖面图的阴影部分表示在O点看不到的地方，明亮部分为看得见的地方，地图上的阴影部分即为纵剖面图上的阴影部分。

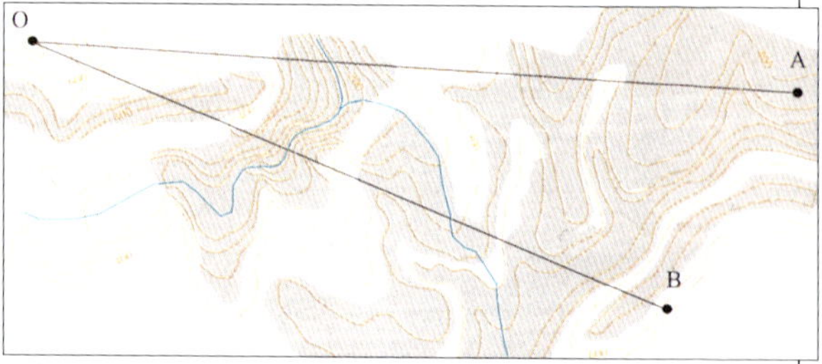

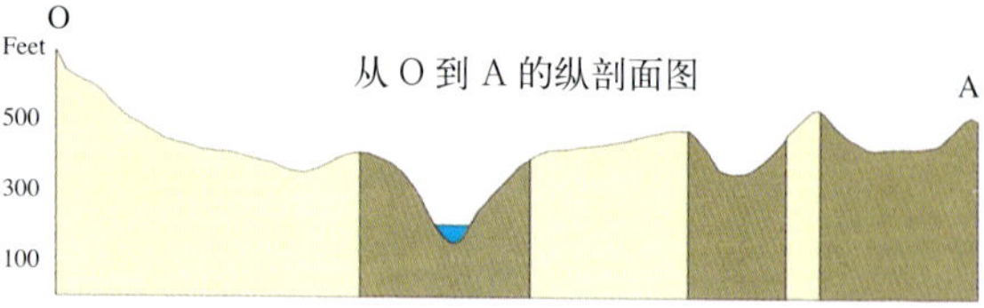

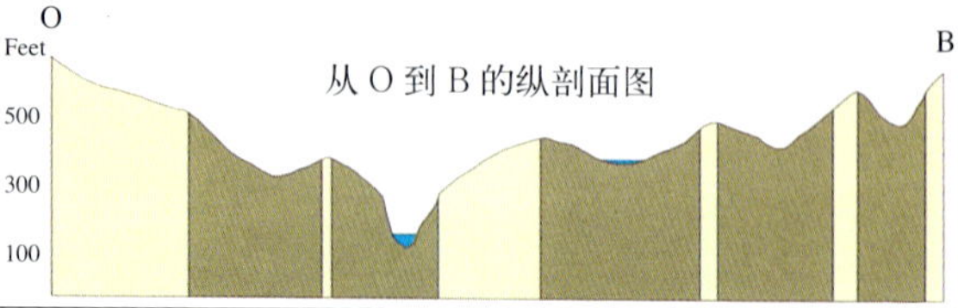

测量地图上物体间的距离

测量地图上物体间的距离有利于估算行程以及了解自己的大概位置。路线不可能总是直的，因此，在计算时应当留有余地。

1 取一张纸，从一角开始，将纸的一边沿路线对准，用铅笔标出第一个转弯处。

2 将纸绕铅笔转动，使纸边重新与路线重合，标出另一个转弯处，把沿途参照物在纸上标示出来。

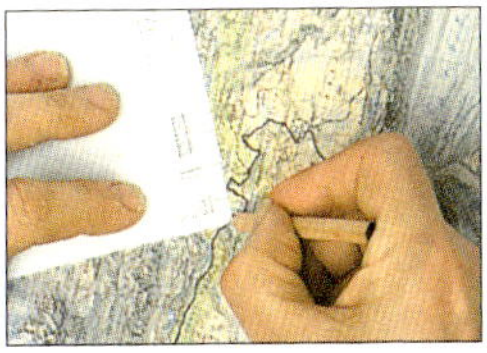

3 即将画到纸的另一角时，再次将纸转动，继续沿纸边作出标记，并用符号标明所经过的地点的特征。

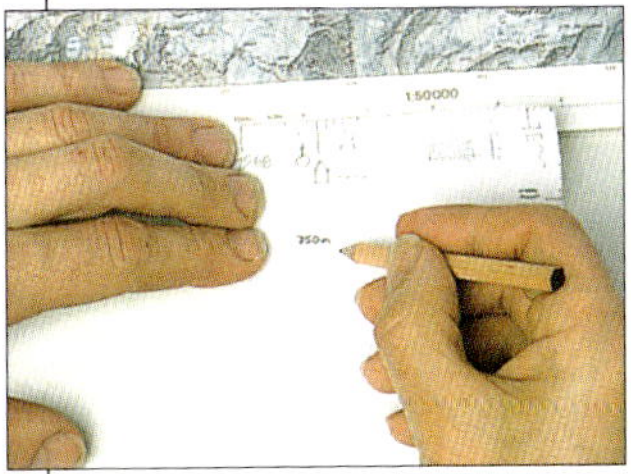

4 整条路程都在纸上画完后，依据地图右角的比例尺标出每一千米在纸上的长度。

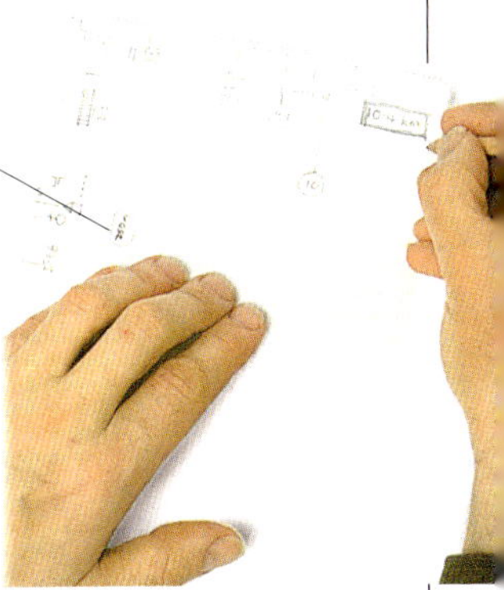

标出起点到参照物之间的距离

5 计算出全程千米数，将陡坡标出能使计算更准确。

估算全程时间

按地图上的比例尺估算的行程只是一种平面距离，而没有把地形考虑进去。在估算时间的时候，应该考虑爬山耗时长。同样，下坡耗时短能节约时间，而陡坡会影响速度。有一种由奈史密斯确立的估算旅行时间的法则，既考虑了距离又考虑了地形。奈史密斯认为：按每走 5 千米耗时 60 分钟计算；每爬 300 米坡再加上 30 分钟；每次下坡 300 米减去 10 分钟；如果下坡时坡很陡，则每 300 米还要加上 10 分钟。

使用指南针

在野外，指南针是必不可少的。否则，很容易迷路。但在使用时应注意，金属或磁性物体会影响其读数的准确性。当指南针的指针突然发生明显的变化时，应当检查一下。但正常情况下，应当完全相信你的指南针。

分度规指南针

分度规指南针质量轻，可靠性好，精确度高，可用于越野和航海。在地图上确定方位（见第 92 页），在刻度盘上调出相应的位置，然后，不用再作任何计算就可以找到你的位置。

磁偏角

在使用指南针和地图的时候，应该注意地图上的坐标北向和指南针的磁北方向有细微的差别。有些地区差别不是很明显，但在高海拔地区则很明显，在某些地区指南针甚至根本派不上用场。因此，在定向时，有必要知道当地的磁偏角（在地形图上）并相应作出调整。

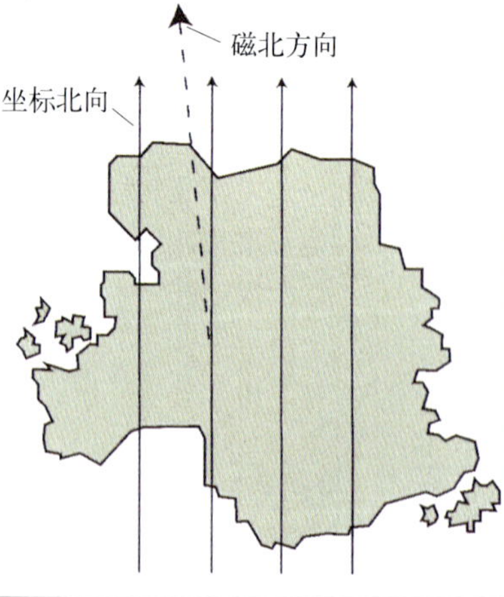

棱镜罗盘

在导航和测量方位时，棱镜罗盘比分度规指南针更精确，它包括一个发光的刻度盘和锁式罗盘座，可用于夜间定向。

用棱镜指南针测向
用棱镜指南针测向时，折叠盖打开竖直，目镜旋转到读数的位置。

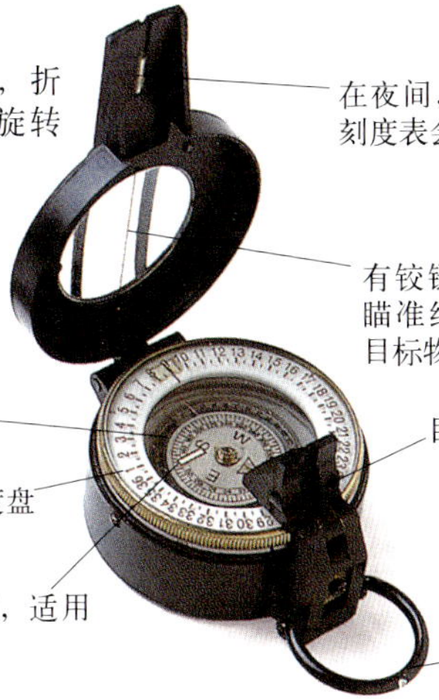

在夜间，打开指南针，平放，刻度表会发光

有铰链的盖上有一垂直的瞄准线，在观测时，能把目标物的方向二等分

磁性罗盘标度板

目镜上有放大棱镜

可旋转的外层刻度盘

发光带与北向对准，适用于夜间定向

扣环上有发光的刻度盘

棱镜罗盘的用法

使用棱镜罗盘时，把其磁场方向调好，然后打开盖子，把北极针对准刻度盘上的北极。行走时两个北极保持一致。

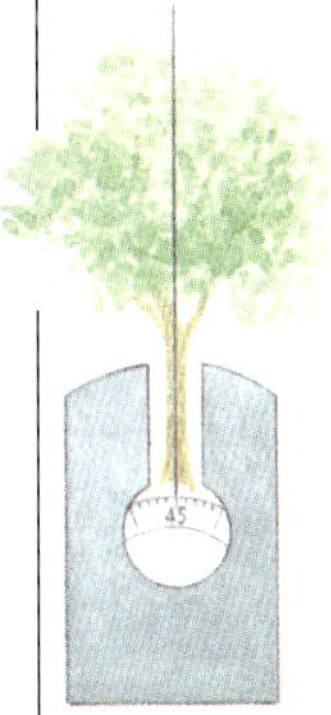

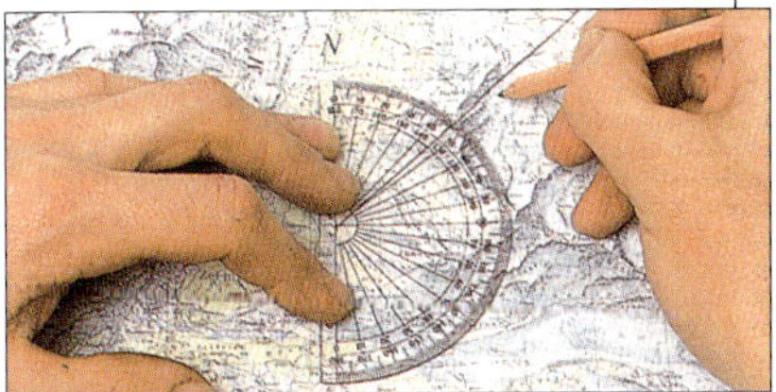

2 将读数加上或减去当地磁偏角，得到目标的坐标方向。用量角器和铅笔在把方位往地图上标时，应使量角器上的0°线与北向对准。

1 通过目镜进行观察，将折叠盖上的瞄准线对准目标，往下看，读出刻度盘上与瞄准线相对应的磁场方向，读数即为方位（上图，45°）。

3 确定地图方向，先加上或减去磁偏角，然后在指南针上调出方位数，校直北向，读数。

指南针的设置

要确定自己在地面上的位置，首先须找到北方（和地图的上方），然后转动身体使人和地图均朝北方，或者旋转地图使其指向前进方向。然后，将指南针放在地图上测量。

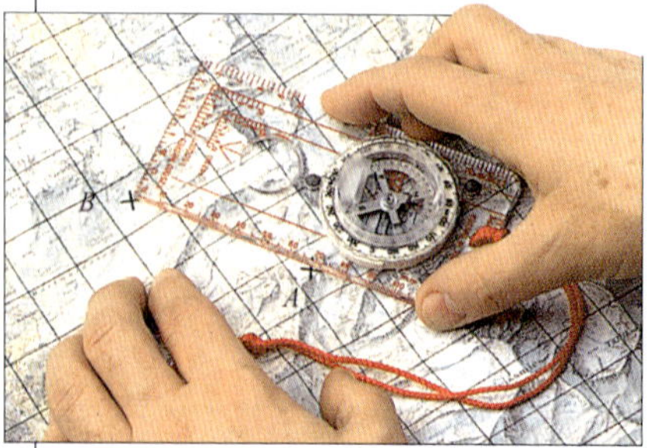

1 要确定从 A 点（你所在的位置）到 B 点（你的目的地）的方向，首先使指南针的行进方向箭头从 A 点指向 B 点，利用指南针的边尺测量 AB 间的距离，并参照地图的比例尺。

2 指南针保持不动，旋转中央刻度盘使南北线与地图网格线重合，刻度盘上的指北箭头（红色）应指向地图的北向（见第 90 页）。这就确定了 AB 线和磁北之间的角。

3 旋转地图使指北箭头与磁北得重合，如指针所示，指南针上的行进方向箭头将指向实际前进的方向。

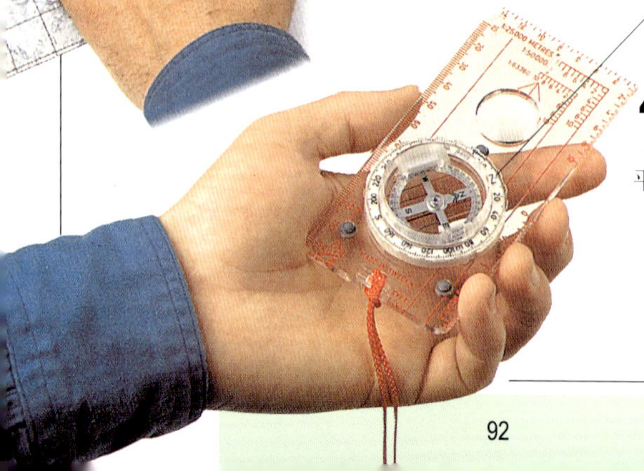

刻度盘上的北向与磁盘上的北方对准确定位置

4 现在，手拿指南针按照方向箭头前进。使指南针时刻处于水平位置。

确定位置

选择两个或多个参照物，在地图上标出来，你就可以大致确定你所在的位置。运用指南针，能使你的方位更准确。

1 考察该地区，选定两处具有特色的参照物并在地图上标出。这些参照物（图中为两座房子）应与前进方向至少偏差 20°。

2 测量第一座房子的方位。如果当地的磁偏角偏大，则应加上或减去磁偏角（见第 90 页），一般情况下磁偏角可以忽略不计。在地图上确定该参照物的位置（红圆圈）和方向（短红线）。

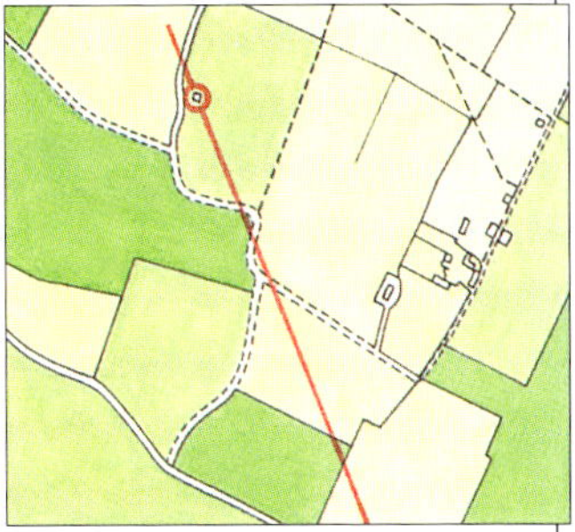

3 在地图上用铅笔沿参照物的方向（短红线）反向画一条线（长红线）。反向划线，即在参照物方向与磁北所构成的角度上增减 180°。

4 测量第二座房子的方位（与第一座房子至少偏离 20°，并在地图上很易识别）。在丛林、沼泽地、沙漠或雪地里，山顶可能是唯一的参照物，因此要利用地图上的等高线来判断其位置。

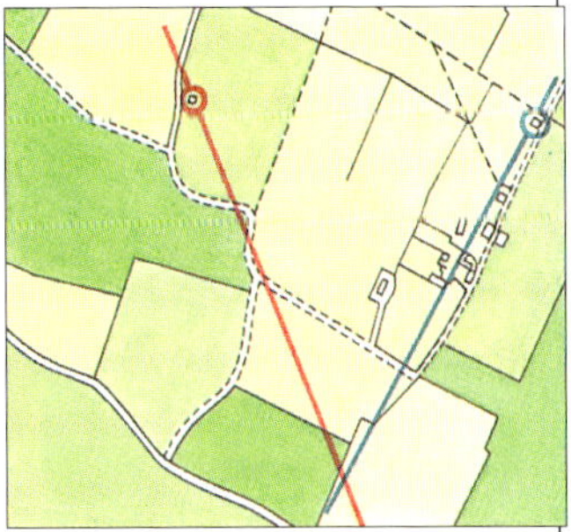

5 在地图上标出第二处参照物，同样画线，两条延长线的交叉点即为你所在的位置。

定向技巧

定向包括确定方位和估计距离两个方面。使用指南针能使你确定自己所处的位置，但崎岖的地形、大面积的植被以及障碍物能使你偏离原定的路线。

换位定向

指南针只能精确到 10° 或 20°，在路面崎岖不平时，精确度更小。假设目的地是河流的分岔口（见右图），如果选择直线行进，因为指南针偏差的关系，最后到达的实际上是分岔口的上游或下游，这时，旅行者往往迷惑不已，不知该向左还是向右走。现在，我们干脆先通过指南针定位，走至河边，再沿河下走至分岔口。

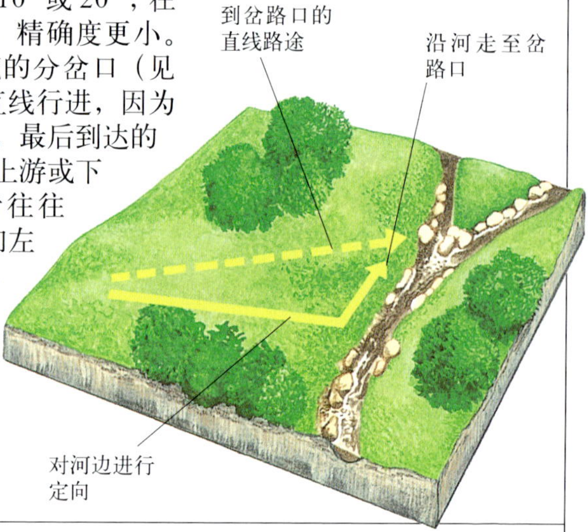

沿等高线行走

按指南针的方向前进时，会因为反复的上山下山耗费体力。而按地图上的等高线行进时，指南针方向仅作大方向的参考，当你向目的地行进时，等高线使你始终保持在同一海拔高度上。在丛林中行走时，等高线的作用尤为明显，按指南针定向行走则根本行不通。

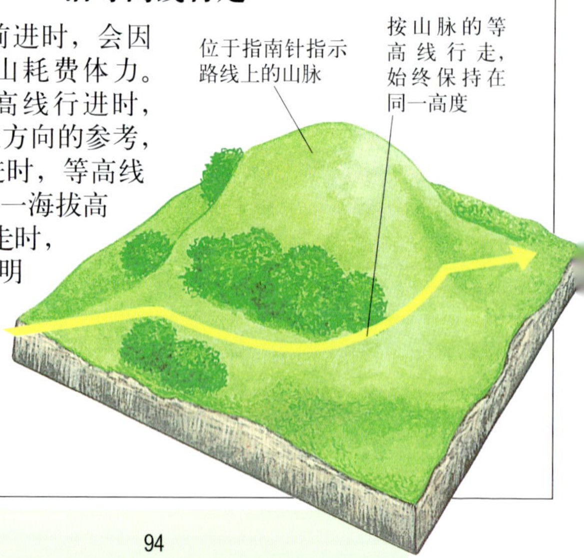

沿“指引物”行走

如果目的地被大的地物——如山岭遮挡，旅行者根本无法用指南针直接测算其方位。这时，可以利用地图上的直线形的地物，即起引导作用的自然物，沿此前进，而不是根据地图和指南针的方位。引导物通常为河流、山脉和道路。首先，测量“指引物”的方位（图中为河流），然后顺着河流方向走，一直走到看到山，然后向左朝目的地前进。如果，充当“指引物”的河流不能直接把旅行者引向目的地，你可以选择能把你引到目的地附近的地物，然后按指南针的方位向目的地行进。

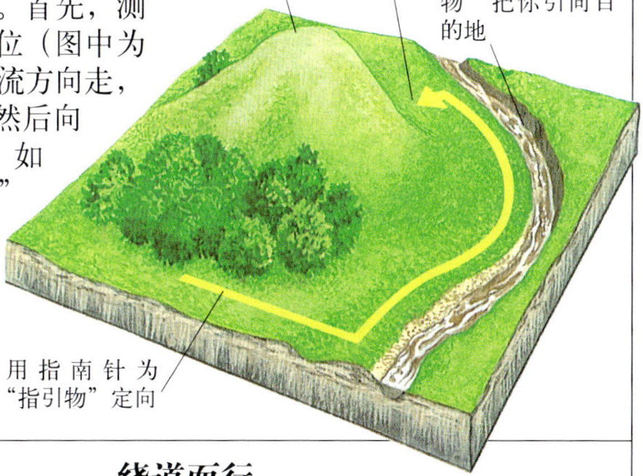

绕道而行

遇到在地图上没有标示的大障碍物，如沼泽地时，需绕道而行。绕道行走如同沿等高线行走，它不是直接按照指南针定向前进。绕开障碍物时，应估测已经偏离了方向多远。过了障碍物后，回到原来的方向。

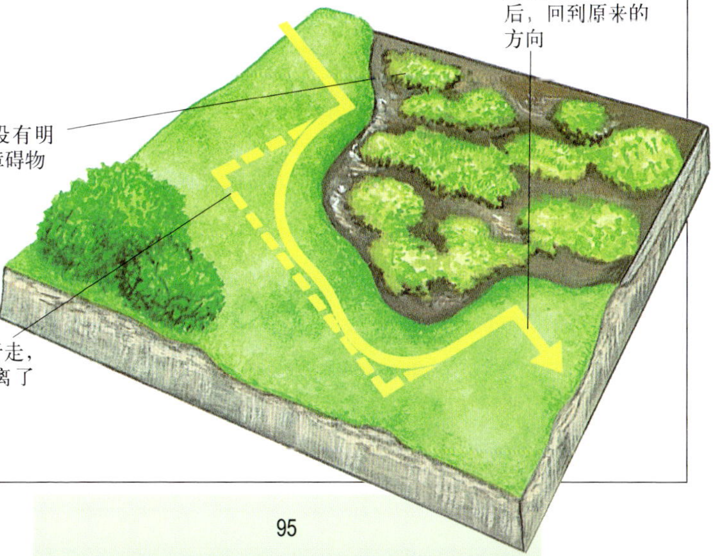

确认方向

了解前进的方向是定向的一个非常重要的组成部分。如果没有指南针，你仍然可以找到正确的方向，白天的太阳、晚上的星星都可以作为参照物。

南北方向的确定

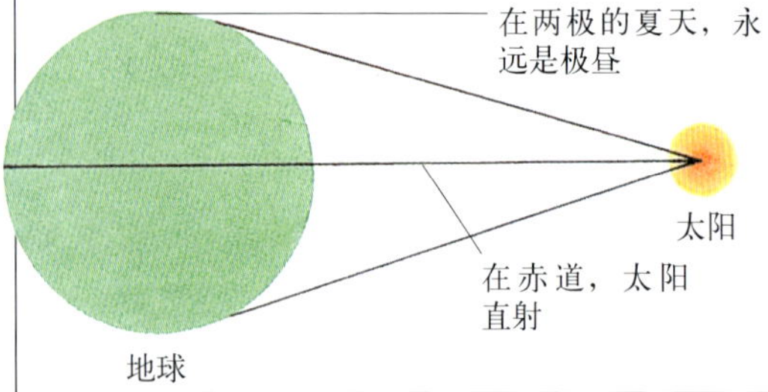

太阳从东方升起，从西方降落。在北半球，太阳升起来后，在偏南的方位横穿天空；而在南半球则在偏北的方位横穿天空。

利用手表定向

可以利用手表和太阳更准确地测定南北方向（在南北半球方法不同）。如果天空多云，看不到太阳，则可以根据天空中最明亮的地方进行判断。

北半球
将手表的时针指向太阳，时针与12点形成的角的平分线即为南方。

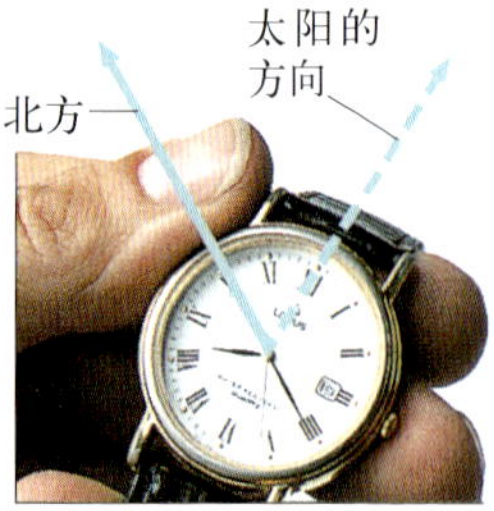

南半球
将12点对准太阳，12点与时针形成的角的平分线即为北方。

确定东西方向

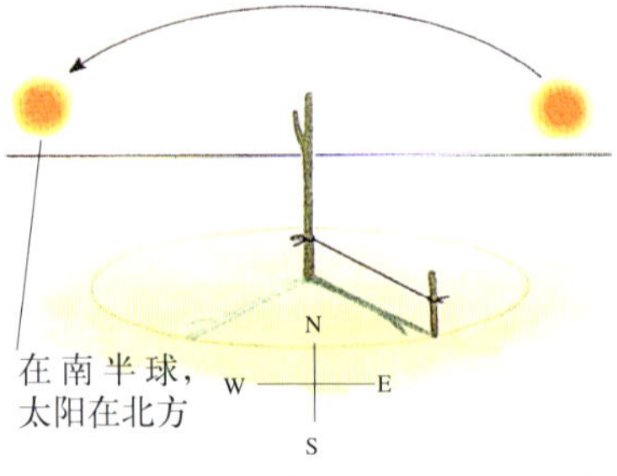

在地面上立一根杆子，清晨，记下杆顶在地面的阴影，将一根与影子同长的线系在另一根短棍上，并以原来的杆子为中心画一道圆弧。傍晚，记下杆子的阴影与圆弧的交点，交点即为东方，并由此可确定北方和南方。

根据星星定向

在北半球，北极星看起来是静止不动的，因此可根据它找到北方，而在南半球，则可根据南十字星找到南方。

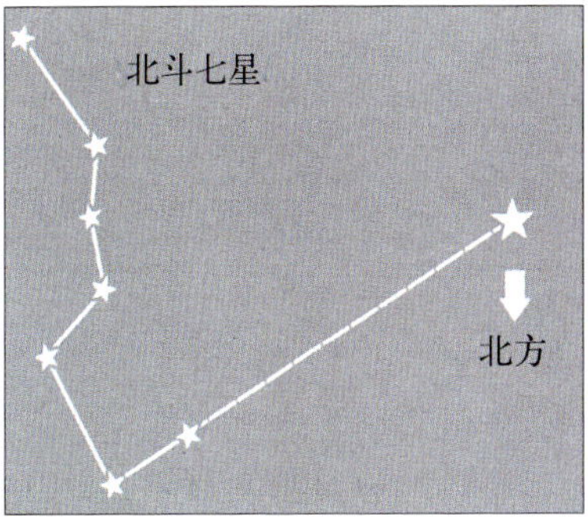

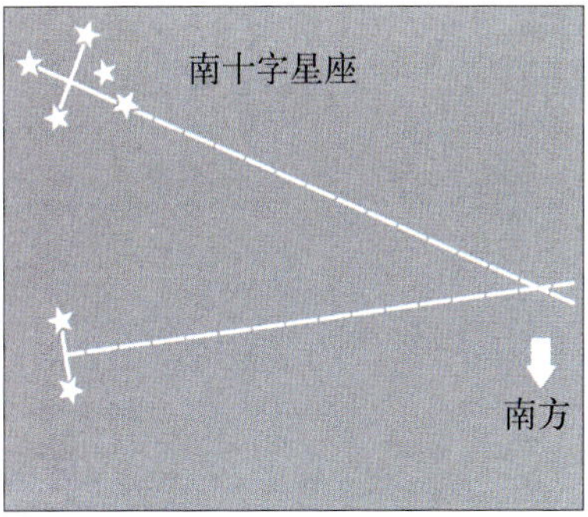

北半球
用虚线将北斗七星前的形成凹勺的两颗星星连接起来，将其长度延长4倍即可找到北极星。北极星位于北半球的正北方。

南半球
用虚线连接南十字星座的横杆，再将其长度延长4.5倍，这一点的下方就是南方。图中南十字星座下面的两颗星星也有助于确定南方。

全球定位器

全球定位器利用24颗卫星来接收地球上任何地方的无线信号并测定方位。

卫星网
卫星网广泛用于航海。全球定位系统接收全球的无线信号并通过卫星发送到地球，据此，你能确定你所在的位置。

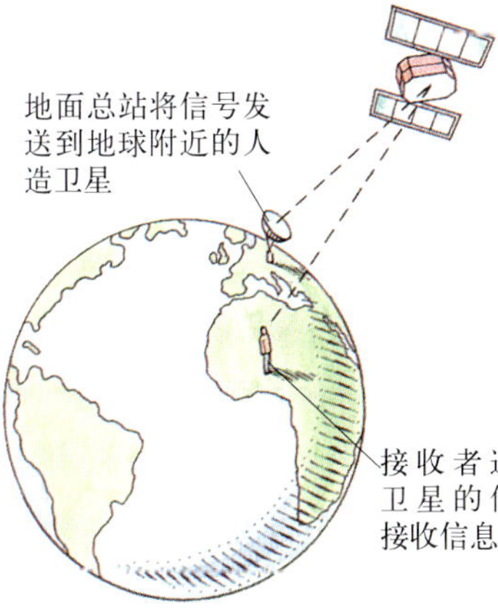

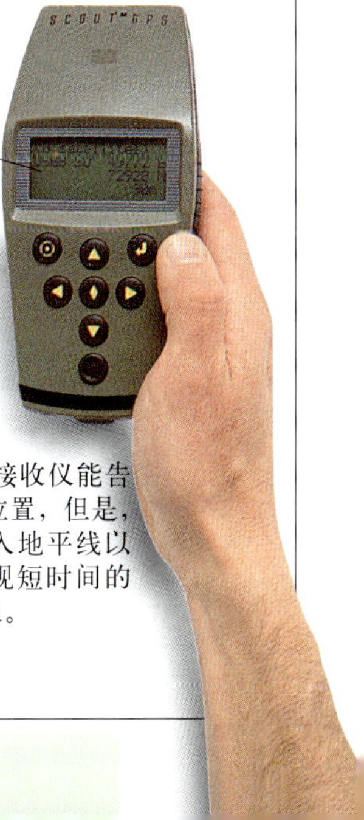

GPS 接收仪
小型的GPS接收仪能告知你所在的位置，但是，GPS卫星飞入地平线以下时，会出现短时间的信号中断现象。

预测天气

天气受地形、季节、高度及纬度的影响，当然更与气候有关。某一局部的天气可能在短时间内发生急骤的变化。现在的天气预报都是经过高效电脑进行分析所得，但背包族也可通过一些自然现象来预测天气情况。

看云识天气

根据气温、气压和空气的湿度，云有以下几种类型。观察风云的变化可以预测天气。

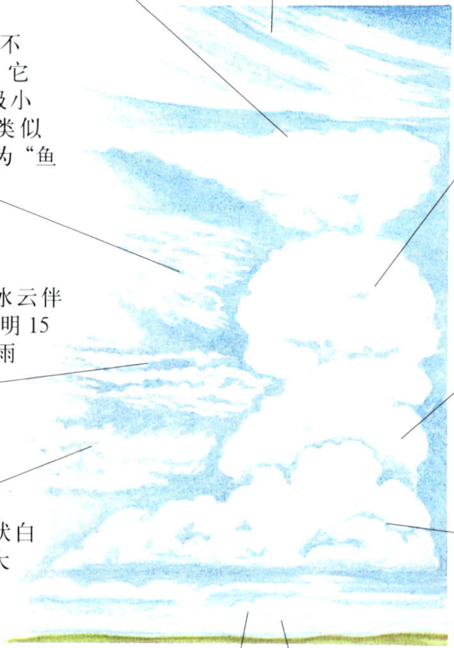

砧骨形积雨云
出现黑色、平顶和砧骨形的积雨云时，有雷暴和大雨。

卷云
高空缥缈的卷云说明天气晴朗，但在冬天如果刮风的话，则表示会下雪。

卷积云
有一些积云不会聚集起来，它们上升形成极小的块状云，类似于鱼鳞，被称为“鱼鳞天”。

积雨云
积云变暗并垂直上升时，冷空气使水分变为雨滴，出现积雨云时可能会下雨。

卷层云
黑暗的高空冰云伴随大风，说明15小时内会有雨或雪。

高层云
卷云会变化为卷层云，再形成厚而低的灰色高层云，雨量会增大。

高积云
中空中的絮状白云和团状大云，说明15小时内会有雨或雪。

积云
蓝天、白云预示着好天气。

层积云
出现形状不规则且较为浓厚的灰色或白色层积云时，会有小雨或小雪。

层云
浅灰色的低空层云将引起绵绵阴雨，如有冷风，雨量会增大。

气团和锋

气团为暖、冷、潮湿或干燥的空气团，风携带气团形成不同的天气。冷暖性质不同的气流相遇形成锋，锋出现时天气会发生急剧的变化。

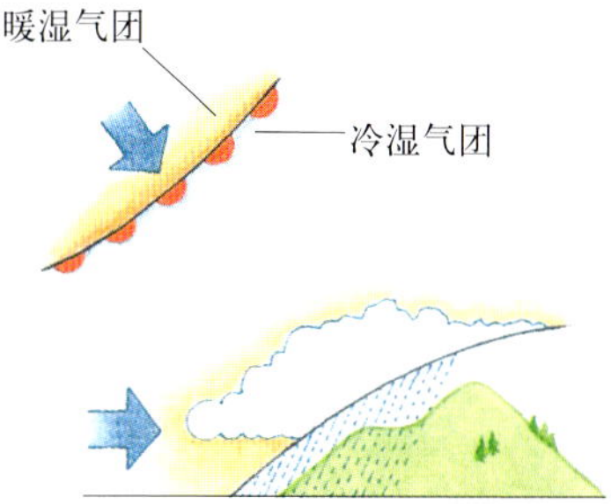

暖锋
暖气团向冷气团移动，有大雨、阵雨。

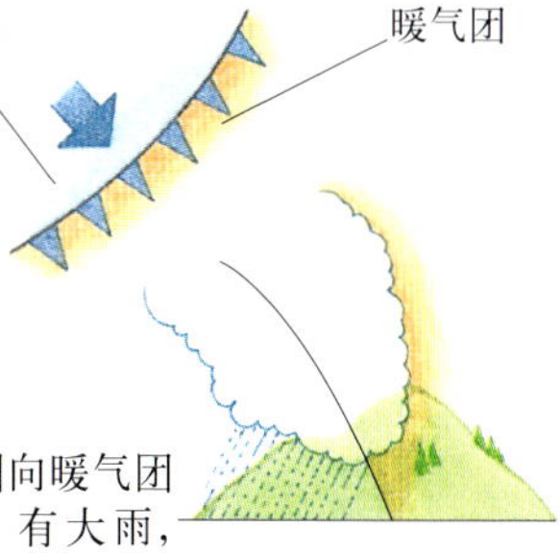

冷锋
冷气团向暖气团移动，有大雨，然后是时断时续的阵雨。

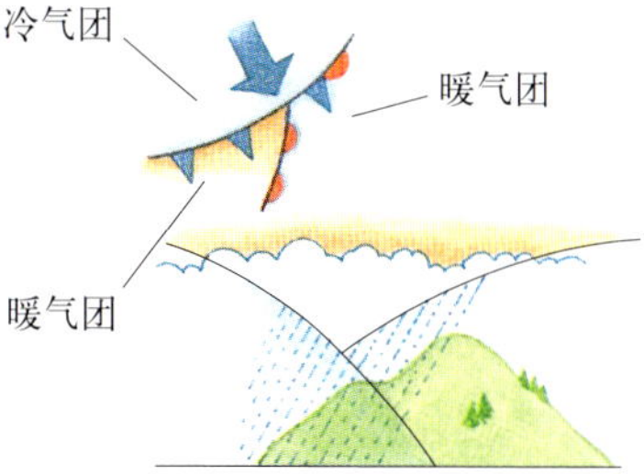

准静止锋
冷锋在暖锋之上，暖气上升，有雨。

气象图

气象学家把一天的气压变化用等压线绘出来编成气象图。通过预测气团间锋的移动趋势并结合局部天气来预测天气。

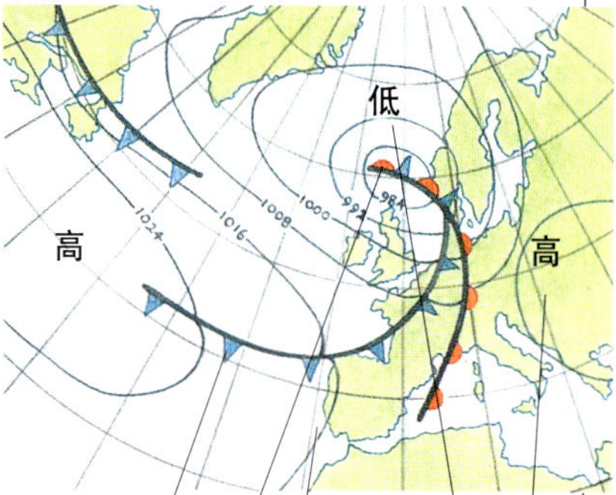

自然迹象

有些人能凭视觉甚至是嗅觉来预测天气。

彩虹
早晨出现彩虹说明有阵雨，傍晚出现彩虹则预示天气晴朗。

红色的天空
日出时，天空呈红色或橙色，则预示当天有雨或雪，傍晚时天空呈红色或橙色则预示天气晴朗。

设计路线

有明确的旅行目的和足够的时间，能使旅行达到预期的效果。计划路线时应主要考虑天气和地形，如果是团队旅行的话，还应考虑最弱的同伴的身体状况。应仔细研究地图，并找熟悉该地区的人了解情况。记住水源、宿营地等要素，以及一些适当的娱乐计划，如爬山、参观洞窟或瀑布。

1 背包旅行团和其他旅行团一样须有一个领队负责分派任务。作为领队，在选择路线的时候，必须具有灵活性：行程可以延长也可以缩短；队友受伤时，可更换易走的路线。即使是经验丰富的背包族有时也难免会觉得体力不支，所以，领队应时刻了解队员的状况，如果有必要，中途可多休息几回。

2 了解旅行中的主要目标，下图中的红线是一条为期两天的路线。在确定路线之前，应大致计算一下其距离和高度、全程所花的时间，包括中途休息和天气引起的延误。由于宿营时需要水，因此位于北端的湖边（X）可作为宿营地。蓝色线条为经过修改的路线（见下图）。

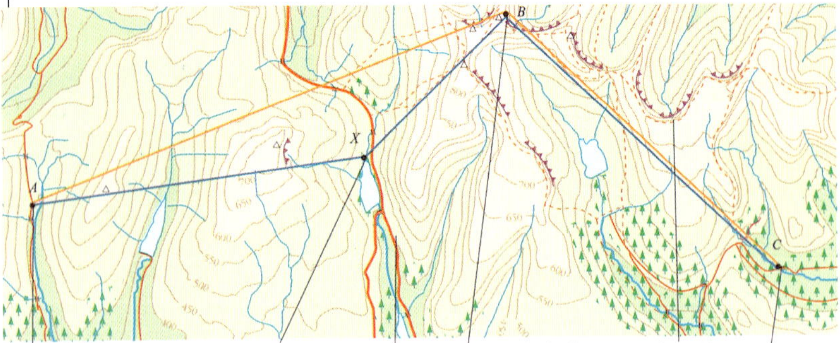

路边（A）有一个便于运输的下坡

湖的北边（X）能提供宿营用水，稍微偏离了原定路线

如果有人受伤，有撤退的路可走

长长的山脉两边可观赏优美的景色

爬上山顶（B）能鼓舞士气

路边（C）有一个交通方便的集合点

3 考虑到途中的地形特征和各种障碍物，从起点到宿营地到山顶再到终点的直接路线已作了修改。第一天，旅行团要爬山，然后下山到湖的南面，再穿过大坝，然后逐步爬上另一个山顶，这是第一天的主要行程。最后，下山到达宿营地（X），根据地图中的山脊线在悬崖边找到一条安全的道路。

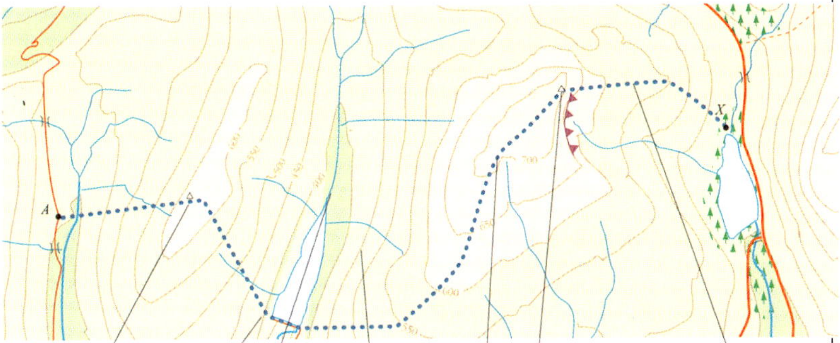

在山顶可欣赏到四周的景色

大坝

山谷北面可能潮湿，应回避

山谷的侧面比山脊更潮湿

山脊上有上山的小路

锥形地带可能是真正的山顶所在，在山顶上测得的方位会更准确

沿山脊前往宿营地(X)

4 第二天开始向北走，走小路到达第一个山顶，然后爬上第二个山顶（B），沿着山脊线欣赏路边的风景，然后下山到达公路。天气恶劣时，高山上可见度较低，因此计划了一条由山脊到树林的安全道路。

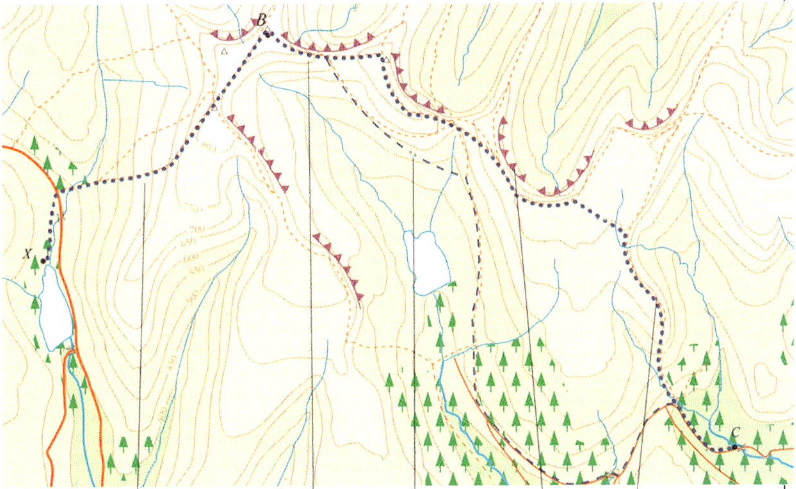

如果没有山脊，直接上山可能更容易

指定的路线应有很好的可见度，并避免在悬崖上走

沿安全路线直接到达公路（C），适于运送伤员

悬崖

沿山脊走到公路（C）

携带照相机

轻便袖珍相机便于携带，但易碎，电池易耗尽。人工调焦的半自动单镜头反光相机则比较可靠。携带何种类型的相机，在很大程度上取决于所带行李的多少。

照相机部件

带上相机包、镜头盖、遮光罩、相机清洁用品、室内拍照用的闪光灯、三脚架、定焦或烃焦镜头。

35 毫米定焦镜头相机

24 毫米定焦镜头

52 毫米定焦镜头

镜头

52 毫米镜头的成像效果和人的眼睛相同，18–35 毫米广角镜头可使视角增大，75–200 毫米的长焦镜头可将远物拉近。

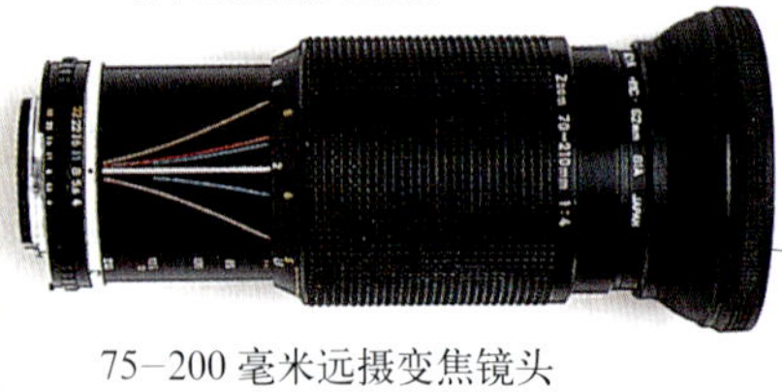

变焦镜头在一定的区间内可调节焦距

75–200 毫米远摄变焦镜头

附件

把所有的照相用品都集中在一个包里，所有镜头的前盖和后盖都必须带上，再加上一个干净的紫外线滤光镜及其他滤光镜，用鼓风镜头刷和镜头布清洁镜头。

镜头盖

鼓风镜头刷

遮光罩

黑白滤镜和彩色滤镜

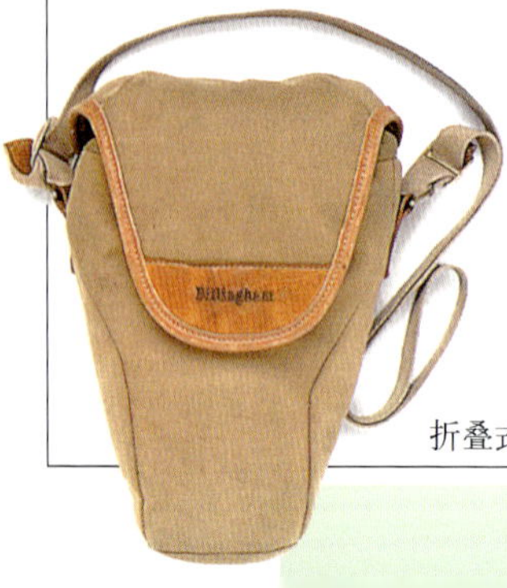

折叠式照相机包

相机背带

照 相

最佳照相时机为黎明时分和傍晚时刻。这时，太阳斜照地面，拍照物的背景为漫射金光或蓝光。

使用滤镜

偏振镜能阻止过多的光线从拍照物反射入相机，能使明亮的天空变柔和，能防止薄雾雾珠的反光，以及水、玻璃或其他反光表面的光线。这样，照出来的照片清晰度加强，具有良好的色彩效果。

肖像照

取景时，最好选择富有意义的或能起说明作用的背景。即使不在焦距上，背景仍可理解。

暗淡的光线

闪光灯往往破坏了照相的气氛，所以应尽可能地使用自然光。在光线昏暗时使用高感光度胶卷——否则，照片会模糊不清并且曝光不足。照侧面像时，把测光表从光源处移开。

计算曝光

冰雪反射光线，使照片曝光不足。因此，在拍照时可以对照测光表把光圈调大1–2级。

日出和日落

日出和日落时光线变化很大。可以通过拍连续镜头来获得满意的视觉效果，参照测光结果拍一张，把光圈调大一级拍一张，再调小一级拍一张。

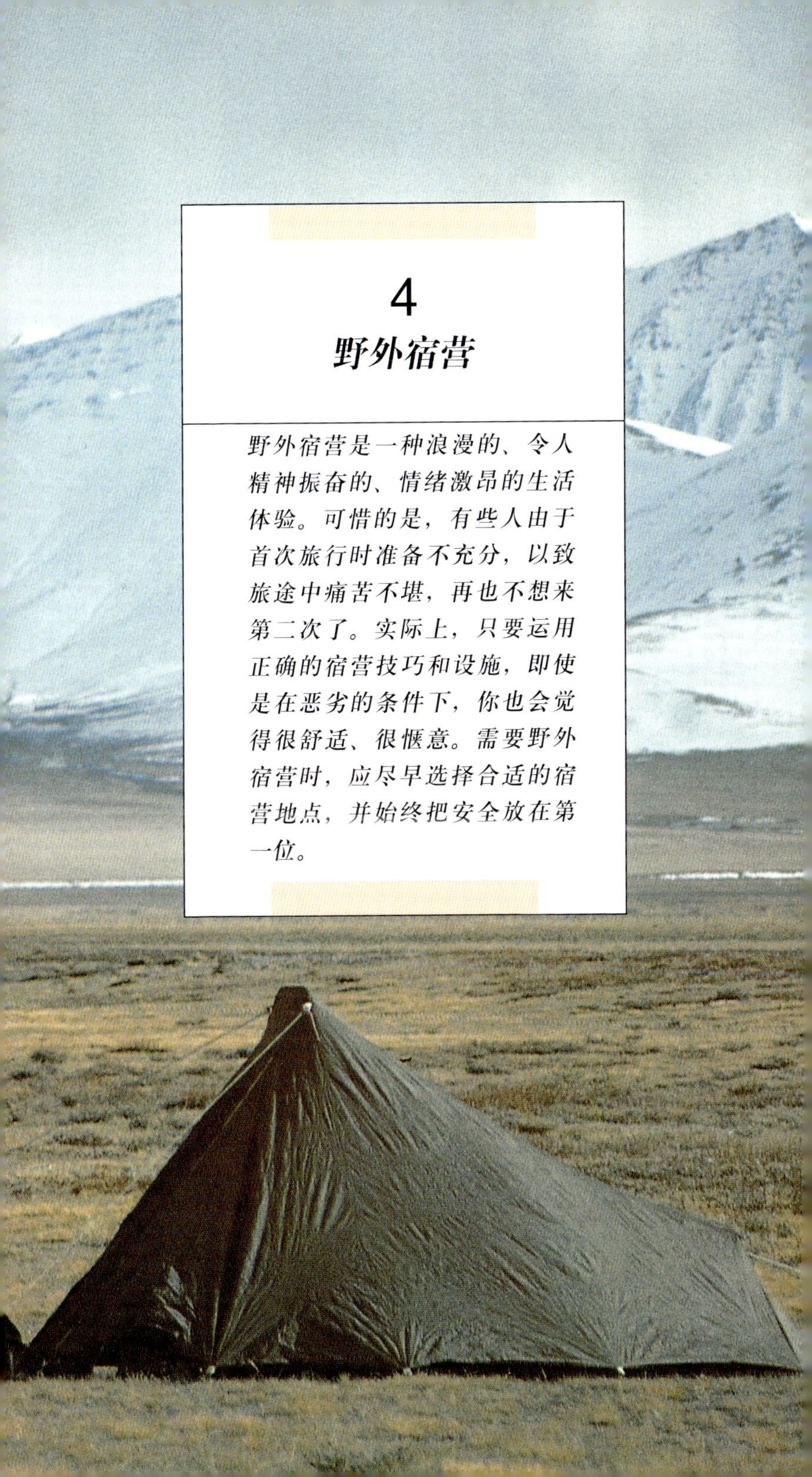

4

野外宿营

野外宿营是一种浪漫的、令人精神振奋的、情绪激昂的生活体验。可惜的是，有些人由于首次旅行时准备不充分，以致旅途中痛苦不堪，再也不想来第二次了。实际上，只要运用正确的宿营技巧和设施，即使是在恶劣的条件下，你也会觉得很舒适、很惬意。需要野外宿营时，应尽早选择合适的宿营地点，并始终把安全放在第一位。

找 水

野外宿营时，首先应寻找水源，而背包族应能短时间内熟练地找到水源地。水应适于饮用、烹调以及洗澡。为避免感染疾病，所有的饮用水都必须经过过滤和净化。

水源

在没有地表水的地方，通常可以在以下地方找到地下水：悬崖脚下以及天然含水地层下面、干涸的河床下面和海滩水线上的洞穴里。

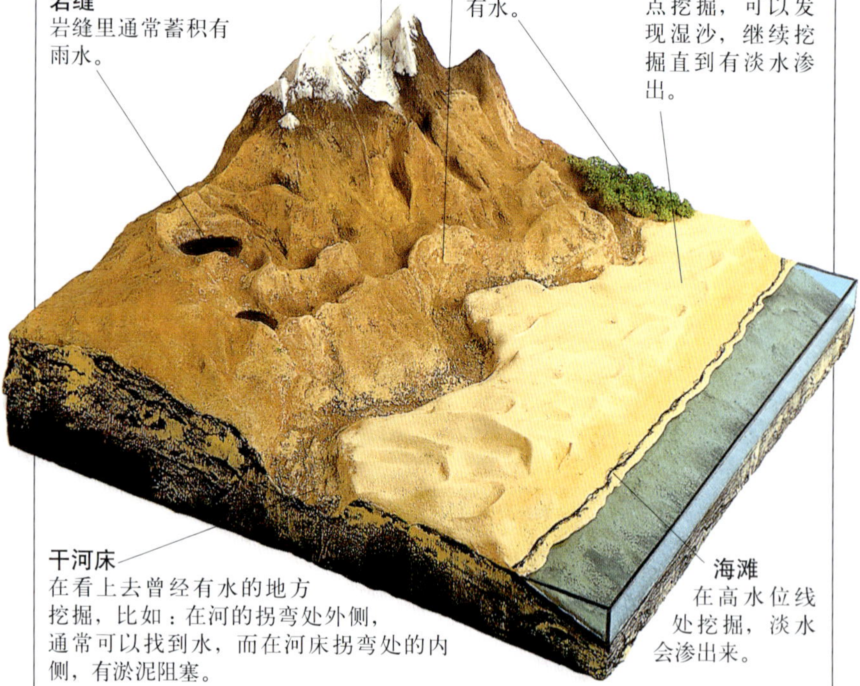

水的临时处理

盐水
把盐水煮沸，蒸汽聚集在布上，冷却后使劲拧布，拧出来的水为纯净水。

三脚架过滤器
把两只薄袜套在一起，并在里面放上手帕或细沙，然后把它挂在一个三脚架上。这样，一个临时的过滤器就制成了。把水倒进临时过滤器，下面用一个广口铁罐接水。经过过滤的水再经过煮沸或用化学药剂进行净化。

饮水传染的疾病

病人应该使用单独的杯子和用具。病人的排泄物和弄脏了的外套上可能携带有病菌，因此应该特别小心。

饮水传染的疾病

病名	病因	症状
细螺旋体病	经被细螺旋体细菌感染的动物（如老鼠、牛、狗、猪等）的尿液或胎液传染给人体，由皮肤擦伤处或口、嘴、喉或眼进入体内	出现与流感相同的症状（发烧、畏寒、头痛、肌肉疼痛），严重时会导致大出血、黄疸、肾功能失常、麻疹以及心脏功能受到损害
裂体血吸虫病	由清水中的寄生虫卵引起，可直接进入体内，寄生在肠内。清水中的蜗牛也有该种病菌	发痒、气喘、尿道炎、肝肿大
阿米巴痢疾	被污染的饮用水	腹泻，便中带血、结肠感染。严重时会出现肝炎，肝、肺以及肠穿孔
十二指肠虫	通过饮用水或皮肤进入体内	寄生在肠内，引起贫血，没有精神，进入血液会引起肺炎
贾弟鞭毛虫病	带贾弟鞭毛虫病毒的尿液或粪便	腹泻、腹绞痛在北美、非洲和亚洲盛行

选择宿营地

在选择宿营地时应该充分考虑时间，这一点很重要。在最安全、最舒适的地方宿营，然后搭建帐篷，在天黑之前把饭菜做好。中午就应开始考虑宿营地的情况，并花足够的时间对其可能出现的危险进行观察。

取水
尽可能在宿营地的上游取饮用水，并远离动物饮水处。

帐篷
在干净的水平面上搭建帐篷。

厕所
为避免污染，厕所应建在远离河流的地方。

生火
生火的地方与帐篷的距离应适当，要求烟火既能驱走帐篷附近的昆虫，但又不至于引发火灾。

清洗餐具
放入桶中清洗之前，应该把残留的食物倒干净，并用沙子或布擦干，因为残余的食物会污染水并会把动物吸引过来。避免使用清洁剂，以免水中的鱼类中毒。

洗涤衣物
把衣物浸湿后，用肥皂搓洗，然后在桶中用水漂清。桶中的水不能倒入河中。

理想的宿营地

理想的宿营地应该是：有能挡风的树，但其枯枝不会砸坏帐篷；靠近水源，远离动物饮水处；地面平整，排水性好，无洪水隐患。

树

死树能用来生火，或者搭建掩体。但应提防树枝突然断落，以免殃及宿营地。

盛行风

通过树的弯曲方向判断盛行风的风向。帐篷的入口应与风向相背，厕所不能建在宿营地顺风的上方。生火地的烟雾应不能吹入帐篷内。

河流的拐弯处

不要在河流拐弯处的内侧附近搭建帐篷，因为这里的地势往往比外侧的地势低，易发水灾。沙砾层位于河流的内侧，水流速度很慢，也容易发生水灾。

避开洪水

在山区，洪水为一大灾患，在几个小时之内，洪水能使一条平静的小溪变成一条巨大的急流。即使在最干涸的时候也不要把帐篷搭建在河床上，否则会成为洪水的牺牲品。

特别提示

- 潮湿的季节里为避免洪水，可以在帐篷周围挖一条沟渠，往山下排水。在强风时候，可以用大石头固定帐篷的绳索。
- 暂时不用的东西应捆扎起来，并记住存放地点，出现紧急情况时，旅行者能马上离开又不会遗失任何东西。
- 食物不能放在帐篷里。包裹挂在离地面 3 米的地方，并且与树干至少相隔 1 米，这样熊和猴子之类的动物够不着。
- 打开包裹进行适当的修补，衣物和睡袋应尽可能多地通风和日晒。

搭建帐篷

出发前，先练习如何使用帐篷，并检查帐篷的质量。这样，在下暴风雪或刮大风时，能迅速搭建起帐篷。恶劣天气下，动作应迅速，装支柱前把所有帐篷钉钉好，然后再慢慢调整帐篷的绳索。

竖起帐篷

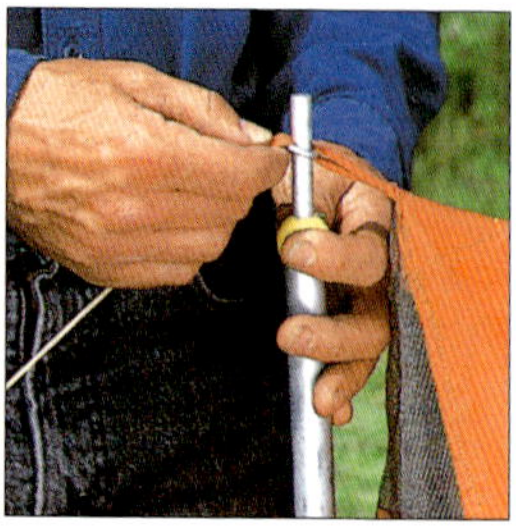

1 首先把地面清扫干净，移走所有的石头并整平地面。然后把里面帐篷铺好，门设在背风方向。迅速把各个边角的帐篷钉按压进地里，使劲按压钉子但不要太用力以免弄弯了钉子。

2 按正确的顺序把支柱装好，帐篷后面的孔眼应穿过支柱。

3 把后支柱竖直，并把其系绳固定在地上，然后按此步骤安装长的支柱并系紧系绳直至两根支柱都笔直竖立。

特别提示

· 若地面太硬或不平，可将帐篷系绳绑在大岩石上。
· 帐篷与篷罩中间应留有空间，若两者贴在一起，常常造成地面积水。

4 把帐篷罩盖在较短支柱的顶部，并将篷罩后部固定。把帐篷罩拉至帐篷顶端和长支柱的顶部，并把篷罩前端固定好。如果支柱阻碍了帐篷罩，把它向支柱方向往里拉一拉。

5 把帐篷罩的门帘拉上，盖在里帐篷前面的系绳上，这样就形成了一个空间，可以用来存放东西，把里帐篷四周的系绳固定好，帐篷两侧应系紧并保持平衡。

6 把帐篷罩牢牢地固定在里帐篷上，确保其不会与帐篷的立壁接触，拉开前边拉链，调整系绳让帐篷保持平衡。

帐篷的内部安排

尽量合理地安排帐篷的内部空间，这样，在睡袋中休息时，身体才有足够的活动空间。只在必要时才取出物品，用完后应重新装好。

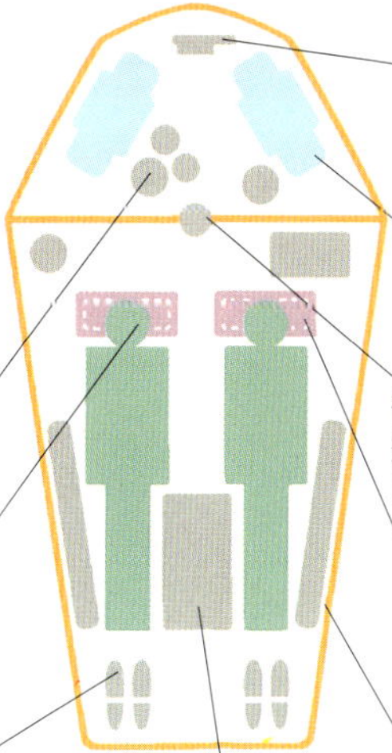

生 火

生火前，尽量多准备些生火材料。生火材料必须干燥，因此，在雨天，最好在遮蔽物下寻找。材料应多样，细枝、树干和树枝为最佳的点火物。

点火材料

点燃引火物后，在上面分步慢慢地添加燃料。

点火物
点火时，火种是必不可少的，除非你有现成的点火物如石蜡块之类。

引火物
引火物包括枯叶和小棍子。点火物点燃后，在上面加引火物。

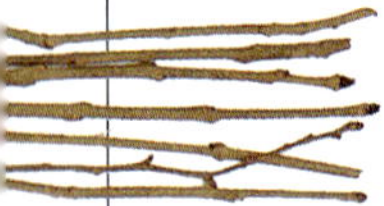

小型材
引火物燃烧时，在上面加手指粗细的树棍。

主材
大木棍充当燃烧的主材，木棍比手指稍粗一点，使用前先将其折断成合适的长度。

大型材
粗的木头可以使火通宵燃烧。在熄火时，应该确信木头已经烧尽了。

挑选燃料

冬青树

枞木

取暖用燃料
枞木、苹果树、冬青树之类的软性木材，燃烧迅速，热度高，能使火持续燃烧。但这种材料的缺点在于：燃烧时产生火花，燃烧后形成灰，而不是形成其他有用的余烬。

栎木

山毛榉

做饭用的燃料
坚硬的木材如栎木、枫树、山核桃木、山毛榉、桦木以及美国梧桐，燃烧缓慢而均匀，热度好。烧尽后形成木炭，缓慢燃烧，煮出来的食物别有一番味道。

干粪便

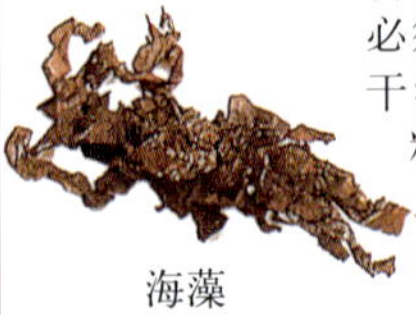

海藻

应急燃料
在找不到木材的情况下，动物的粪便、干地衣、苔藓、石南花甚至是泥炭块都可以当做应急燃料。但在燃烧前都必须晒干。在海边，干海藻可以当做燃料。

避免使用的木材

富含树脂的木材，如山楂属植物、松树，燃烧猛烈，应尽量避免使用。但像柳木、桤木、杨木及栗木之类的木材则燃烧不充分，只能熏烧。竹子加热时会爆裂，因此在烧之前应把它们劈开。

栗木　柳木　杨木

引火物的种类

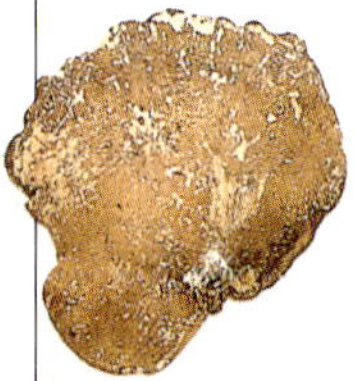

蘑菇
绒毛状的内层是引火的最佳材料。先应把坚硬的外表皮去掉。

干草
一捆干草很容易点燃。

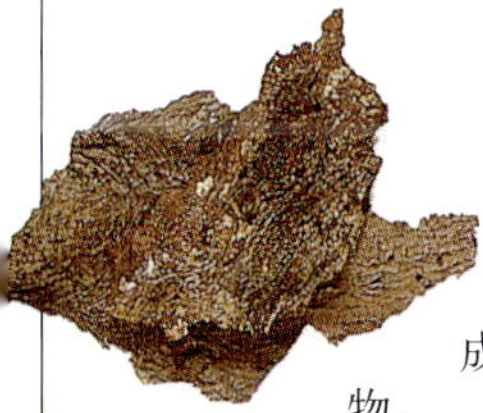

树皮
在潮湿的气候条件下，可以选择枯木的树皮以及昆虫咬成的木屑作为引火物。

苔藓
干枯的苔藓是很好的引火物，在树干上或沼泽地上可以找到苔藓。

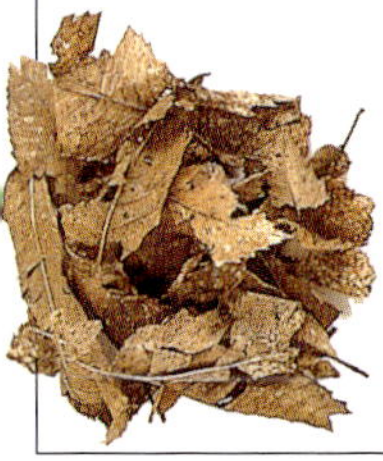

枯叶
可以用枯叶，也可以将其弄碎。无论在哪里，一发现枯叶，你可以用塑料袋装起来，以当做备用引火物。

准备引火物

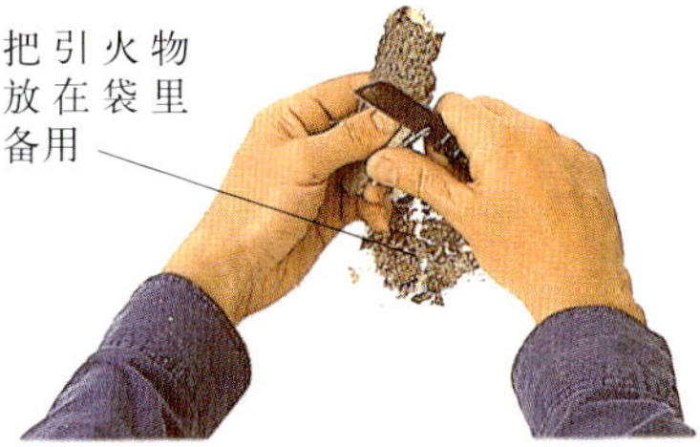

削成粉末
用刀把干树枝和树皮削成粉末状，应尽可能削好。

切缺口
在干蘑菇上切一个浅洞，然后用火很容易就能将其点燃。

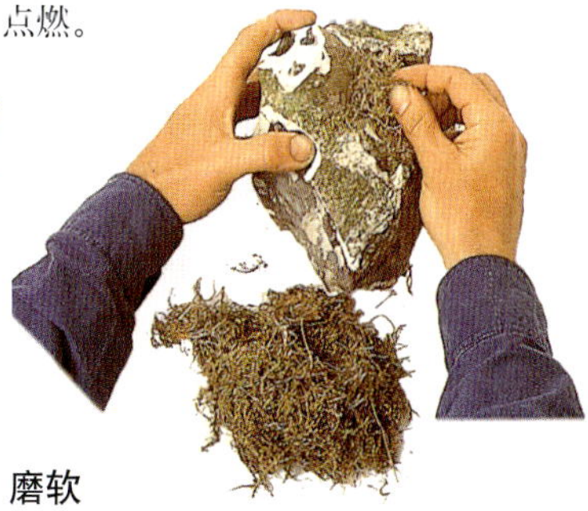

磨软
像干草之类的燃料，可以将其在石头上磨软，把它们卷在一起，这样，很容易点燃。

搭建火堆

确保有足够的引火物和木材。把火堆搭成圆锥形，这样，大一点的燃料就能被火烘干从而使燃烧效率提高。

挖 30 厘米深的坑，可以保证火不被风吹灭

坑火
坑火适用于各种气候条件，火在坑里燃烧，可以防止火势过猛，同时又能保证氧气充足。燃料还可以贮存在坑里。

星形火堆
把四根木材放在余火堆里，燃烧时往前移动木材。长期宿营时可搭成星形火堆，宿营结束时木材变成了灰烬。

搭建圆锥形火堆

1 在草地上挖一个正方形的坑，把新鲜树枝平摆在坑底。

2 用四根直立的树枝搭在一起，构成一个锥形火堆，锥形不要太大。

添加引火物的入口

3 逐步添加树枝，并尽量保持平衡以使之牢靠——不会轻易倒塌。圆锥形的高度足够容纳引火物。并在边上留一条缝以便于火柴点火。

4 在锥形底部放足够的引火物，划燃火柴，两手捧成杯状保护火焰不被风吹灭。点燃引火物，着火后添加引火物，然后添加树叶和细枝，注意不要碰撞锥形火堆上的树枝。

两手成杯状护住火柴

5 火越来越大，最后锥形上的树枝会被点燃，直至倒塌。在倒塌后生成的余灰上加燃料可用来取暖或用来做饭。

点火

气候干燥时，引火物、树叶和细枝都是干的，用火柴就能将其点燃。但是气候潮湿时，就必须携带一些雨天点火物。在雨天，能持续燃几分钟的点火物比火柴有用得多。

防水火柴
在划火柴前，去掉火柴头上的蜡。

棉絮
浸过石蜡的棉絮是很好的点火物，能代替天然引火物。

石蜡块
在没有点火物的时候，可以用石蜡块来点燃大的树枝。

火棍
用木头削成的木棍可用来点火。

野外就餐

早餐应丰盛，以保证一天所需的营养。晚上吃上一顿营养丰富又易于消化的热饭菜。在早餐和晚餐之间，可以吃些速食品、零食以维持血糖成分，并喝大量的水或热饮料。

加热水
清早起床后就烧水泡饮料。用炉子加热水时，为节省燃料，应盖上锅盖，并且只在必要时才将水完全煮沸。

热饮料

粥

早餐
一碗粥加上一些坚果和果脯当做早餐。在煮粥之前，要放足够的水。早餐后其他时间的热饮料用水，可以先行装在真空瓶里。

热饮料

水

巧克力和薄饼

热饮料

零食

主餐之间的食物
在一天当中，除了早晚两顿主餐外，平时可以吃点零食。这样既能维持体内的能量平衡，又不须特意停下来做饭。若天冷，早上离开宿营地时，可以在真空瓶里放一些热水或热饮料。在旅途中准备些高能量的点心，因为消化早餐须消耗能量。在热饮料里加大量的糖。在茶里加一些薄荷之类的香草，可以使茶更好喝。

糖

茶

薄荷

午餐

大多数背包族一天吃两顿午餐，停下来，边休息边喝饮料、吃零食。在冷天里，就是一碗热汤加上助消化的碎薄饼。保持体内血糖平衡很重要，如果血糖偏低又不及时补充，你就会感到虚弱并有寒意。

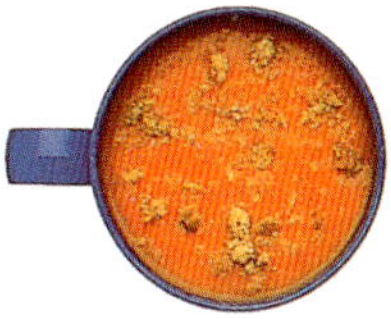

热汤加薄饼

煮小扁豆之前将其浸泡

泡发小扁豆

晚餐

晚餐须丰盛。脱水食品要浸泡，例如：需与其他食物放在一个锅里炖的扁豆。否则，它们会吸收消化道里的水引起便秘。同样的道理，煮饭时，也要用足量的水。有些背包族把吃晚餐当做一次放松的机会，喝完汤后一小时再吃主食，然后吃甜品，这样，你能充分享受到其中的乐趣。

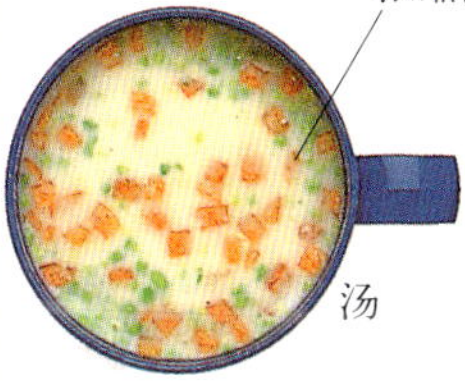

选用干汤料或浓缩固体汤料

汤

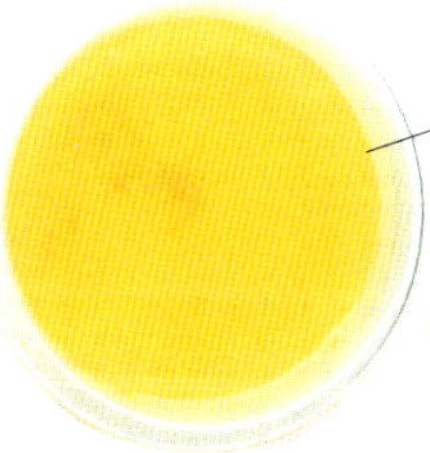

在吃水果前喝桃子汁

桃子汁

添加配料

混合食品

桃子

睡前

睡觉前喝大量的水能预防脱水。宁可清晨被尿憋醒，也不可因白天出汗和消化干冻食品消耗大量的水而引起口渴和消化不良。天冷时，喝加糖的热饮料能使你睡觉时身体保持暖和。在睡觉前，可以在真空瓶里备一些热饮料，这样第二天清晨你不用起床就能喝到热饮料。

热饮料

准备食物

有时间时，应该精心准备晚餐。最好是把所有食品混合在一起，加入大量水，炖制出美味的粥，这样既方便又可口。加入一些鲜美的作料，口味更是与众不同，如加入食用油、香精或咖喱粉之类的香料。千万不要浪费食品，也不要破坏环境——煮多少吃多少。

混合食品

把所携带的食物放在一口锅里炖。先把需要浸透的食物放在锅里，这样，能保证所有食物同时起锅。为得到满意的浓度，可以添加奶酪或干肉，干的食物在煮之前要浸泡好。

干酪

浓缩固体汤料

番茄酱

干肉

碎饼干

洋葱

面食

大蒜

胡椒粉

盐

香草

红辣椒

调味品

胡椒粉、香料和香草之类的调味品便于携带，可用来调味。有些喜欢吃热咖喱的背包族，可以带上酥油或食用油、咖喱粉。也可以把新鲜红辣椒、大蒜和生姜放在密封袋里。

胡椒粉

肉豆蔻

肉桂

大蒜

干制食物

袋装的干制食品，用热水泡开，盖上密封一段时间即可食用。此类食品便于携带，还可以保证旅行者在旅途中吃上热食。

米饭

蛋

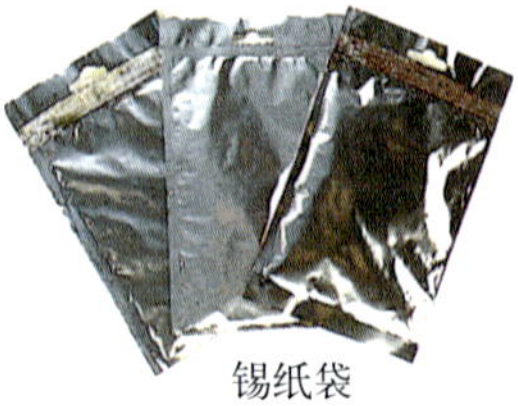

锡纸袋

鸡肉咖喱

烧烤鲜鱼

鲜鱼如果不马上食用的话，可以养在容器里或水池里。鱼比肉或蔬菜都熟得快些。在火上烤过的鱼有一股好闻的烟熏味。

1 把三根木棍绑在一起形成一个三脚架。在三脚架下端横着绑上三根燃烧缓慢的绿新鲜树枝，形成一个烧烤架。

2 揭开一块草皮，挖成一个坑。在坑上搭建锥形火堆(见第114页)。

3 让圆锥火堆烧尽，并不断往上添加树枝，直至烧成一层厚厚的余烬，正好是理想的烧烤温度，温度不能过高，以免三脚架燃烧。

4 用手背测试一下温度。如果不是太热，可以把三脚架放在余烬上，并把鱼的内脏放在烧烤架的中央。

5 把鱼放在上面烤，为避免烤煳，烧烤架与余烬之间的高度要合适。至少要翻动一次。

天然饮料

在开水中加入某些植物可做成营养丰富、提神醒脑的热饮料。在茶水中加入桉树叶或薄荷，茶会变得清香怡人，或用蔷薇果泡水喝。

安全宿营

在了解所有潜在危险后再选择宿营地，这样比较安全。火能点燃帐篷，因此它是最大的隐患。确保帐篷的通风状况良好，并且不要在帐篷内做饭，因为炉子会释放令人窒息的一氧化碳。

安全措施

大多数事故都发生在晚上：绊倒在从帐篷到厕所的途中；光脚踩入火坑或看不见的水中；在黑暗中迷失方向或受伤。

防患
良好的统筹规划能够避免多起事故的发生。在搭建帐篷时就应考虑到晚上可能出现的各种情况，将在黑暗中绊脚的杂物搬开。

搭建厕所

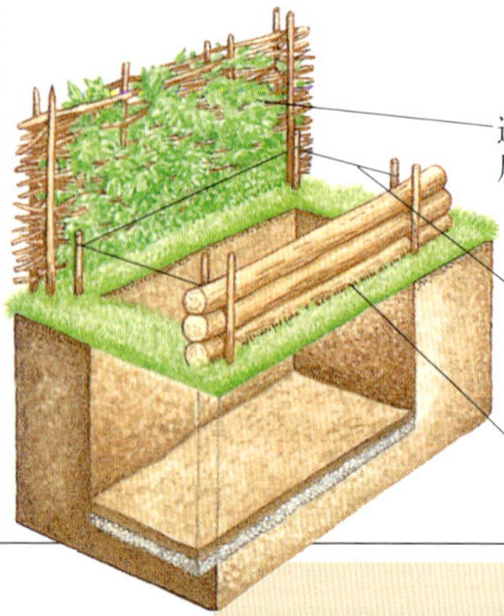

在帐篷的逆风处搭建厕所。每次大小便后在排泄物上撒一层沙土，禁止使用抑制大小便自然分解的化学试剂。在厕所旁边用树桩设定一个单独的小便处。

营地的害虫

饥饿的熊、好奇的猴子以及大群的蚂蚁或蚊虫都有可能“光顾”营地。它们多数是被食物的味道吸引过来的。因此应该把这些“诱饵”挂好。不要给它们喂食以免它们下次再来。

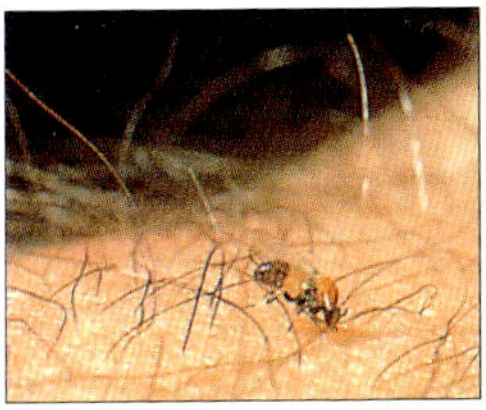

墨蚊
把墨蚊赶走——它们的颚很厉害，可以穿过衣服咬人。

蚂蚁
在搭建帐篷前检查一下周围有无蚁窝，水边有无蚁痕。

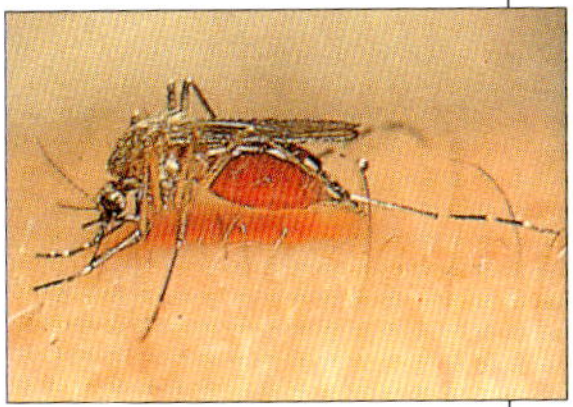

蚊子
使用驱虫剂或点蚊香来消灭帐篷内的蚊子。

蝎子
抖动睡袋、靴子和衣物，甩出可能藏在其中的蝎子。

响尾蛇
检查一下帐篷和睡袋，看有没有蛇在里面。

老鼠
不要在营地周围扔食物，因为老鼠会被引过来。

熊
不要给熊喂食，因为它们很危险，可能会造成伤害。

臭鼬
臭鼬的喷雾很恶心，如果发现了臭鼬，应把它们驱除出帐篷。

猴子
不要和猴子嬉戏，被猴子咬的伤口有毒。

保存食物

用盘子装着食物挂在树枝上，这样大多数的昆虫、鸟类和哺乳动物就够不着。昆虫和鸟类可能携带病菌，因此可以用网织品将食物兜起来，这样既透气又挡蚊虫、鸟类。

拆除帐篷

离开营地的最后日期定下来后，就应该在离开前把所有的行李都打点好。气候恶劣时，应最后拆除帐篷，并且保证每一个人都做好了离开的准备。等待行动缓慢的人最难受，尤其是在天气不好时。

清扫营地

离开宿营地时应尽量使其恢复原貌。不要在宿营地留下任何食物以免引来昆虫。把所有的垃圾带走。这样，野外的环境就不会被破坏，下一批旅行者还可以继续在此宿营。

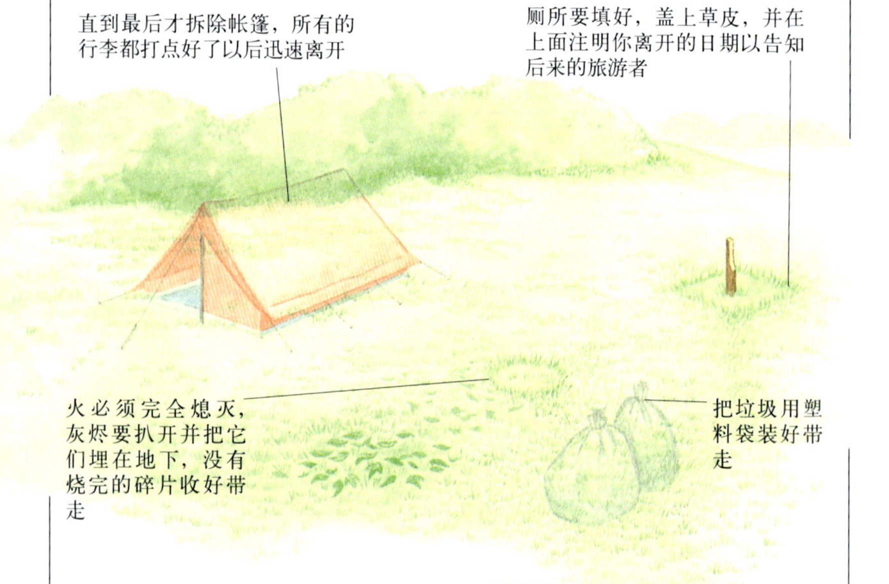

清扫

野外宿营时，不能破坏宿营地的环境。比如说，很草率地把垃圾藏起来是不可取的，因为如果动物发现了的话，会把它们翻出来。其他人见到你遗弃的垃圾，也只会随随便便地清扫一下。这样，宿营地的环境就被你破坏了。

特别提示

把罐子的顶部和底部折下来，把罐子放在外面的火堆上燃烧以除掉残留的易腐烂食物。再把罐子弄扁，把罐子顶部和底部放在里面带走。

弄扁了的罐子

熄灭火堆

1 火熄灭后，将灰烬堆至中央。灰冷后，将其铺开埋在地下。

2 确保地上没有任何余灰以免毁坏草丛。用泥土将坑填平，盖上原有的草皮。

3 用泥土和草将草皮边缘填平，然后在上面放些树叶和草，使其看上去和周围没什么区别。

拆卸帐篷

在搬走之前拆卸帐篷。在寒冷或下雨的天气里，应快速拆卸帐篷以免其他人感冒或淋湿。

1 拔掉所有固定帐篷罩和里帐篷的钉子，如果有风的话，应抓住帐篷和帐篷罩。拔钉子时应特别注意——千万不要用系绳或胶布来拔钉子，并数一下钉子的颗数。

2 移掉两根支柱，在装入袋子前把帐篷表面擦干净。

3 抓住装支柱的孔眼将帐篷罩揭下来，帐篷罩必须保持干燥，将其纵向对折铺在地上。

4 将帐篷罩卷紧，把边角和系绳卷在里面。然后抖开里帐篷，用同样的方法将其卷好、捆好。在卷系绳时看看它们是否缠结在一起。

5 把帐篷袋包好，支柱和钉子分别装袋，然后将帐篷罩和帐篷卷紧、捆好。

5
紧急措施

在野外，发生意外常常令人感到恐惧，尤其是在有人受伤时。因此，尽量避免去危险的地方，也不要贸然行事。哪怕是一点小伤或一次小的事故，都有可能急速恶化或变得更糟，对此采取有效的急救措施是很重要的。在平常生活中，你可以打电话请求帮助，但在野外，一切都得靠你自己。

恶劣的气候条件

气温和气压反常时，天气也会发生急剧的变化。一些自然迹象，如天空的变化，能提供预示。但最好随身携带一个晶体管收音机，这样，你就能根据收集到的信息作出更准确的判断。

世界气候

世界上某些地区，经常会出现恶劣的气候，但在有些地区则很少见。天气预报员根据气象图来预测天气，预测的准确度很大程度上取决于其涉及的气团数目。

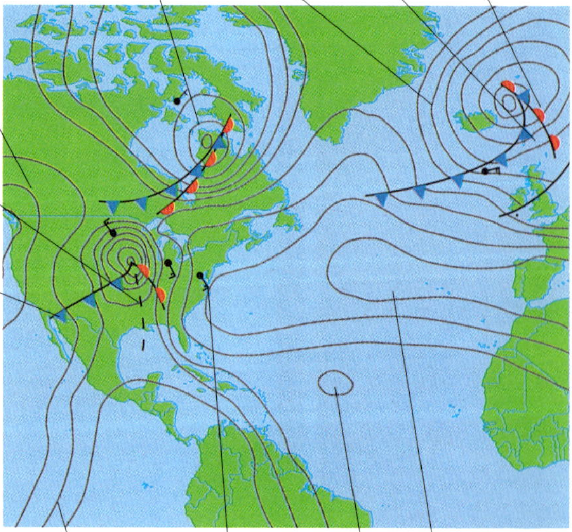

天气预报

这张假设的气象图（标明了天气的地图）指明了几种恶劣的气候条件。把从气象站和气象卫星上观测到的气候信息标示在气象图上，根据此天气图可预测未来一周的天气情况。

风暴

世界上大部分地区都会出现飓风、龙卷风和旋风。建议去加勒比海等地旅游的游客提前了解当地飓风发生的具体时间。

龙卷风

当暖和的低压空气上升与疾风相遇时形成龙卷风，引起风速达每小时620千米的旋涡风。如果刮龙卷风时你在户外，应立即钻入洞穴内或双手抱头躺在沟里。如果在室内，就应该把向风的门和窗户关上，并打开逆风的门和窗户。不要躲在车辆和拖车住房里。

飓风

热气流从海上上升形成的热带风暴即为飓风。飓风来临时，不要站在海滩上和河流边，应躲在洞穴里或深沟里。在室内时，用木板把窗堵住并收拾好散放的物品，以免被风吹起而造成损害，可以躲在地窖里或躲在重而结实的家具下面。

暴雨

急骤的大雨短时间内就会淹没地面，引发洪水。地势低的地方最容易发大水，因此在大雨即将来临时，不要去地势低的地方。

洪水

在气候非常干燥的地区，发洪水时地面一下子就被水淹没了。在大水中行走或开车是很危险的。发洪水时，应多留些饮用水，并带上食物、火柴和被褥，转移到地势高的地方或建筑物的顶楼。如果你躲雨的建筑物没有什么危险的话，你应该呆在原地不动，直到洪水退了或有救援才离开。

闪电

上升的热空气与冷空气相遇，产生静电，静电在向地面传递的过程中冲击与它最先相遇的目标，产生闪电。有闪电时，应穿橡胶底的鞋并坐在不导电的物体上，远离那些高的或由金属构成的物体。闪电能产生巨大的冲击波和热量，即使不被直接击中，也会对人类造成伤害。

建造掩体

在刮大风、下大雨、出大太阳的时候，必须在一个遮蔽处躲避。在紧急状况下，不得不临时搭建一个掩体，有时还要专门有一个做饭或存放物品的地方。在丛林中旅游时，人不能睡在地上，自制的 A 形担架床比吊床舒适得多。

临时掩体

自制的临时掩体很容易被破坏，尽可能地找一个天然的藏身之处。在向风的方向砌一堵石墙，也可以使用诸如塑料护墙板之类的人工材料。

栋木比你手够得着的地方长60厘米

1 要做一个单坡面的隐蔽场所，可以先砍下一根长树枝作栋木。踮起脚尖，在伸手能够得着的地方往上60厘米处砍断树枝。尽量挑选直的树枝作栋木。枯枝易折断，不宜作栋木。选好了树枝后把上面的嫩枝削掉。

2 做两个丫形叉架，叉架的长度最好高出胸部30厘米。把这高出的30厘米锤入地面，为方便插入应把底端削尖，在地面较坚硬时尤应如此。

3 用一块大岩石把两个叉架锤入地面，直到它们完全固定不会倒塌为止。两个叉架间的距离比栋木的长度短60厘米左右。

把小树枝的枝干端一上一下地织在顶棚的树枝上

4 把栋木横置在两个叉架的叉口处，栋木与叉架的交叠处应保持平衡。栋木应轻但应能支撑顶棚并能遮风挡雨。

5 砍几根结实的足够长的树枝，与地面成45°角平行搭在栋木上，树枝间的距离不能超过20厘米，搭在栋木的上端应留出10厘米。这样，水不会积聚，同时也保证了躲避处最大的有效空间。

将掩体顶部柔韧的小树枝一上一下地绕在栋木上，固定下来

6 砍大量直而结实的小树枝并保留树叶。把小树枝织在栋木上的树枝上，直到形成一个浓密、结实的顶棚。

树枝编在棚顶，不仅可以遮阴，还可以起到固定掩体的作用

7 作顶棚的树枝和树叶应足够遮风挡雨。当树叶变枯时，可以在上面加一些新的树枝，并把它与原来的树枝织在一起。顶棚做好后，可以再作些改进。比如，在后面压一块大石头以防顶棚被风卷走，或加一堵侧墙。火堆与躲藏处应有一定的距离。

使用人造材料

在搭建掩体时，尽可能选用能遮风避雨的人造材料，如聚乙烯罩、塑料袋、合股线等。镀铁板、木盒、纸板以及夹板也很实用。使用人造材料搭建躲避处很简便。

A形掩体

丛林中有各种各样的昆虫和动物，背包族不能直接睡在地上。因此，可以做一个A形掩体。

1 砍4根高出身高30厘米的短树枝、3根高出身高120厘米的长树枝，将两根短树枝捆成A形绑在附近的树上，这棵树要能起支撑作用。

2 用另两根短树枝再做一个A形架，两个A形架间的距离比身高长60厘米左右。

3 如果附近正好有相间距离跟两个A形架间间隔相同的两棵树，将A形架绑在两棵树上会更稳固，如果没有，可以把一根长树枝横放在A形架的"V"口处当做栋木，栋木应结实轻便，能依靠重力使不靠树的A形架立在地上，同时也能承住顶棚。

4 把遮潮布的两端绑在一起，用两根长树枝叉进来，做成担架床。

5 展开防水油布放在栋木上作棚顶。棚顶能遮风避雨，但应当注意保持空气畅通。棚顶下挂一张蚊帐，晚上放下蚊帐。

吊挂吊床

吊床很轻，同时能使你免受夜间动物和昆虫的骚扰，并与泥泞的地面隔离。为舒适起见，吊床必须结实并尽可能扯紧，因为即使绷得再紧，人进去后吊床也会向下陷。

1 把吊床绑在树上，尽可能绷紧，吊床的两头应该保持水平，为方便出入，最好与腋窝同高。

2 把蚊帐挂在吊床的正上方，但不要离得太远，因为人进入吊床后吊床会下陷。

3 把防水雨布铺在蚊帐上面当做顶棚。如果周围有树的话，把雨布绑在树上并吊在吊床正上方，如果没有树，绳子可绑在岩石上。

4 小心翼翼地爬进吊床，因为吊床会倒翻，把人甩在地上。晚上把蚊帐放下来。

物品的安全保护措施

在丛林中，不要把物品放在泥地上，同时应避免动物和昆虫的袭击。最好是把物品挂在高处。

背包

把背包所有的小袋都封好并在睡觉前将其挂在树枝上。

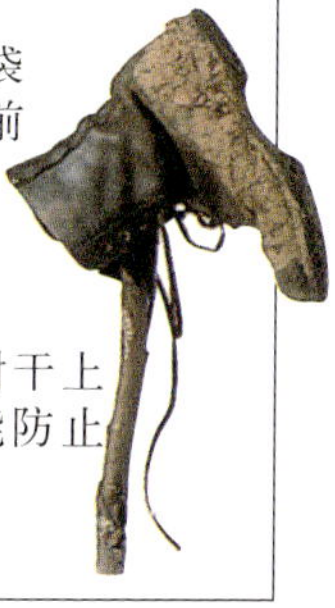

靴子

将靴子倒叉在树干上晾干，同时还能防止虫子爬入。

雪地生存

在雪中保持体温很重要。在你感到有凉意前穿上所有的衣服，头部和颈部要包裹好。为减少出汗量，衣服的透气性要好。如果你四肢感到麻木，可以对其进行按摩以促进血液循环。晚上，气温急剧下降，应找一个躲避处。

简易遮雪棚

遮雪棚的类型取决于现有的材料。木棍和树枝能使遮雪棚更稳固，但真正起保温作用的是雪层。

雪洞
在紧急情况下，可以把雪堆挖空并用冰砖把身后的入口处堵起来。为保证通风，可以在墙上戳一个洞。

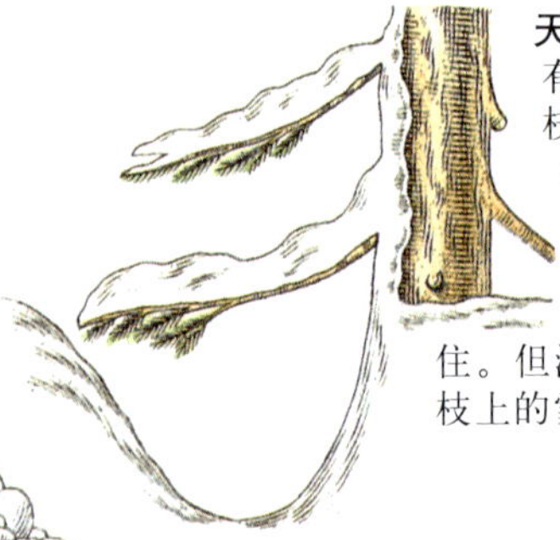

天然洞穴
有时，在松树树枝下面有一隐蔽处，不用多花劳力，只是有裂口的话一定要想办法堵住。但注意不要摇掉树枝上的雪。

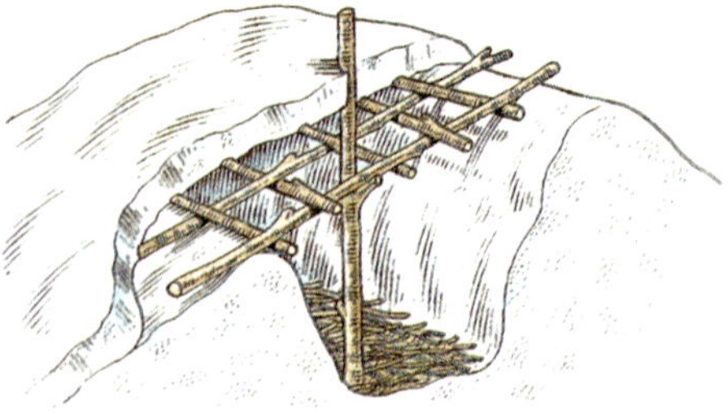

坑
挖一个深坑，把树枝织在一起作棚顶盖在沟上面并用雪压紧。记住要戳一个洞通风。

特别提示

- 在躲避处至少留有一个通风孔，以免因二氧化碳中毒或因火炉释放的一氧化碳中毒而窒息。
- 在坡陡的地方，你可以在掩体周围挖一条沟，这样可以减低风速，让风绕过掩体向下坡吹。

雪蛋

1 把背包堆成圆锥形当做躲避处的内芯，并在上面堆雪。

2 用雪靴或其他扁平工具往背包上面铲雪，并压紧。30 分钟后雪会结冰，再在上面加雪。

3 雪堆堆至 1 米厚时，把圆顶磨光，使之变硬、变结实。在 1 小时内，雪会再结晶，形成防风雨的顶罩。

4 砍几根 60 厘米长的树棍插入雪中以测量其厚度。

5 在雪蛋下挖一个洞，取出背包，然后用工具把里面挖空，直到出现插在雪堆上的树棍。把里层的四周磨光，其厚度应一致。

饥 渴

除了正常的一日三餐以外，背包族还应带上备用的救急食品，途中应时刻记得采水。如果你熟知野生植物的特性并且地方法律允许的话，你可以采些野生植物来充饥。

可食用的植物

对那些你不熟知的植物最好不要去尝试，因为可能会引起胃部不适并有中毒的危险。对每一种可能能食用的植物都应该仔细地进行考查，并记下其产地和生长季节。

夏季马齿苋
叶子能在水中炖，可加入柠檬汁调味。

苔景天
叶子能生吃或放在汤中作调味品。

睡莲
睡莲籽、块茎和主茎都能食用，但睡莲籽很苦。

云杉
里皮含有丰富的维生素C，针叶能当茶，具有提神醒脑的功效。

苋属
叶子和主茎在盐水中煮沸，吃起来味道与菠叶相似。

棕榈
有一些类型的嫩枝能食用，但有一些则不安全。

杏
杏裹在青色的荚里。吃时把味道青涩的丢掉。

牛肝菌
这种蘑菇味道很好，但那些不熟识的真菌应避免。

野生草莓
不要把野生草莓与热带蛇莓混淆，后者有剧毒。

可食用性测试

在紧急情况下，你能按照下列步骤判断哪些野生植物可以食用，哪些不可以食用。有白色浆液的植物可能有毒。把测试过的植物特征记在笔记本上。

1 把植物掰开，用鼻子闻一闻味道，有桃子味或杏仁味的植物排除掉。

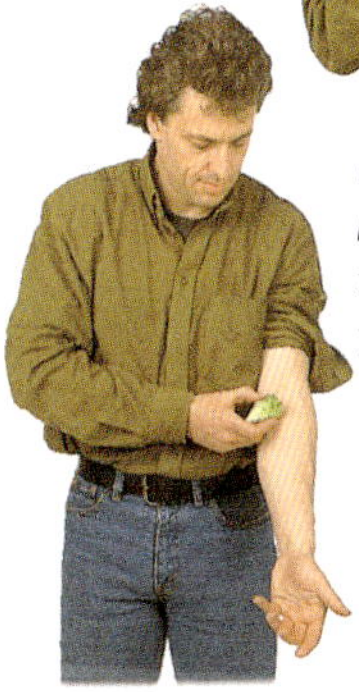

2 把样品轻轻地擦在肘部内侧，检查有无发炎现象或出现皮疹。

3 把样品先接触嘴唇，然后放在嘴角边，各放5秒钟。

4 把样品放在舌尖5秒钟，然后在舌头下放5秒钟，如果没有灼热感或麻木感，可以把它吞下去，4小时后如没有出现不良反应则证明该种植物可以食用。

采水

如果在附近找不到河流、小溪或水洞，雨水或露水可以应急。在黎明前采集露水。

露水
用一块布在湿草地上擦拭可收集露水。

雨水
用防水布收集水并将其引至容器里。下大雨时，应注意安放引水管以免水流失。

融化冰雪

在严寒的气候条件下，冰雪融化的水能饮用。

融化雪
把一块雪包在布里，吊在容器上面，容器附近烧一团火，雪就会逐渐融化。把一小块冰或小团雪加到融化的冰水中。

融化冰
把冰块放在倾斜的岩石上，下面烧一团火，冰会缓慢融化。冻了很久的海水冰块比新近结成的冰块更好，因为它的含盐量少。

迷 路

迷路是指在茂密的森林中行走时，偏离了原定路线几米远或几千米远。或者，你很清楚自己所处的位置，只是由于地图的不精确而使你有点疑惑而已。在这种情况下，应停止前进，先估算一下你的大体位置。

寻找出路

在植物浓密的平坦地带或有浓雾、浓云时，可见度低，人往往容易迷路。知道自己的大体位置有助于寻找出路。

1 在地图上画上你周围地区的边界，这样在经过这些边界时，很容易识别你所在的位置。见左边的地图，现在你所在的位置为一块盆地，西边有一条公路，高地上的河流南北流向。如果你没有跨越边界，即使迷了路也是在这一小范围里。

2 手拿指南针，对附近可识别的边界进行定位，如果行进中没有把握，可以根据指南针折回，选择另一边界定向。

螺旋式搜索

按照指南针的定向到达目的地附近时，螺旋式搜索能帮你找到确切的位置。确定好指南针的四个基本方向后，沿其中一个方向前进，但不能走得太远，以免超过原地的能见范围，数清你的步数。如果没有找到目标，向右转90°，再走两倍的距离。如果还没有找到目标的话，再转90°，直到找到目的地为止。注意每转一次方向应将距离增加一倍。

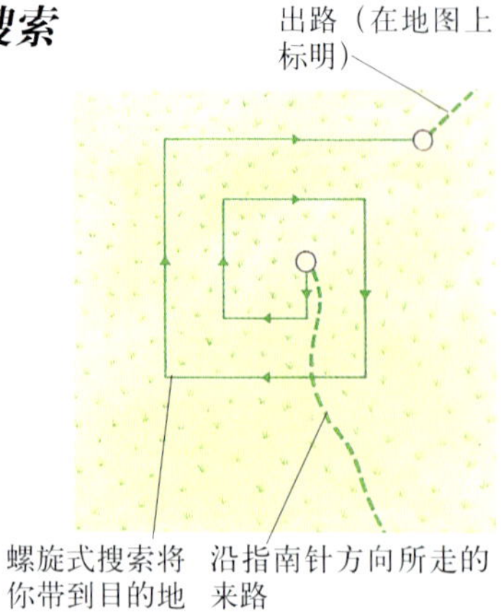

绘制地图

如果你迷了路，可以将收集到的信息在地图上画出来，这样有利于你重新明确自己的方位。你也可以利用这种方式的图表来弄清楚地图中不准确的地方。

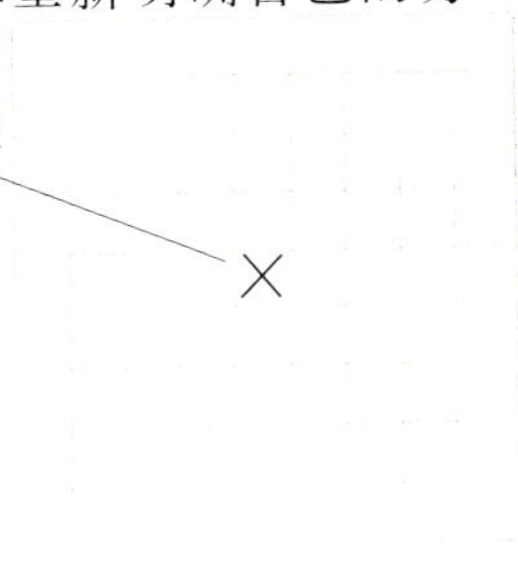

1 画一个正方形方格坐标，每一个方格代表0.5平方千米的实地面积。在方格的中心处标一个×代表你现在所处的位置。

2 移到一个有利的观察点（如果可能的话爬上一棵树），找到三个不同方位的参照物。测量其中一个参照物的方位（见第91页）并估算它离你的大概距离。

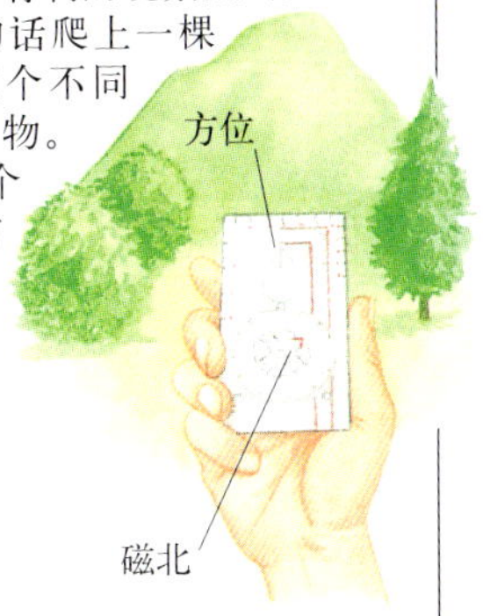

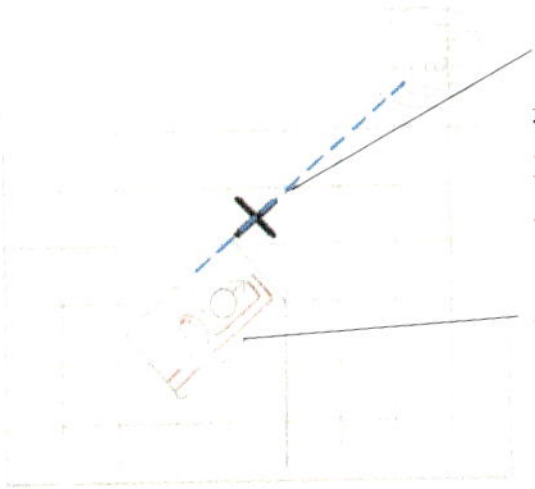

3 把所测得的方位画在地图上，标画时，应保证地图的上端为北方。用虚线将所在位置与参照物连起来。用等高线标明参照物的高度。

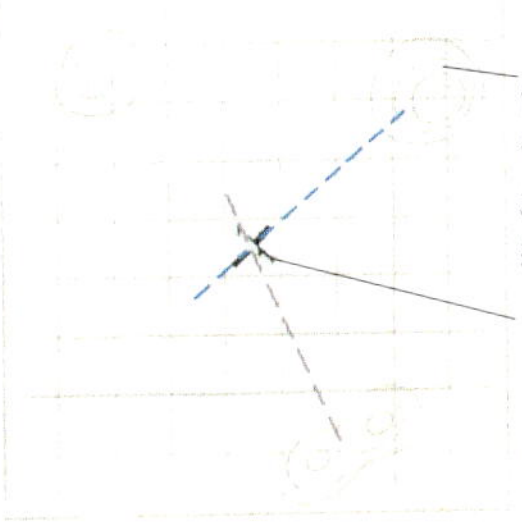

4 测量另两个参照物的方位并将其画在地图上。三条连线的交点即为你的所处位置。

估算距离

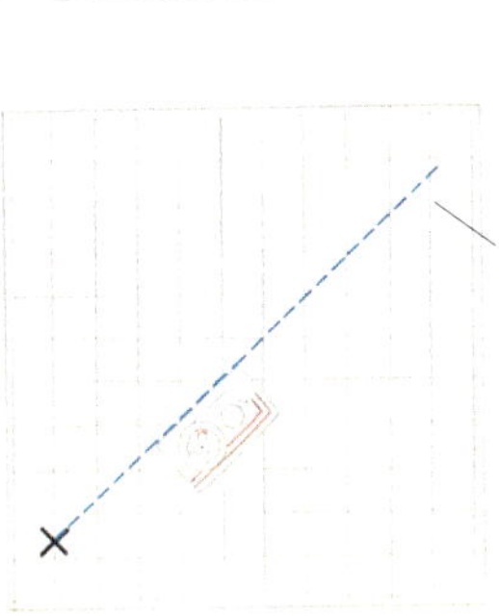

1 距离估算的准确度取决于地图标绘的精确度。首先，测出一个参照物的方位，从所处位置的×记号处用虚线把方位画出来。

2 从原来所处位置向45°方向走若干步，计算好步数，直到与参照物的角度变成了30°，画出你的新位置，然后是方向虚线。

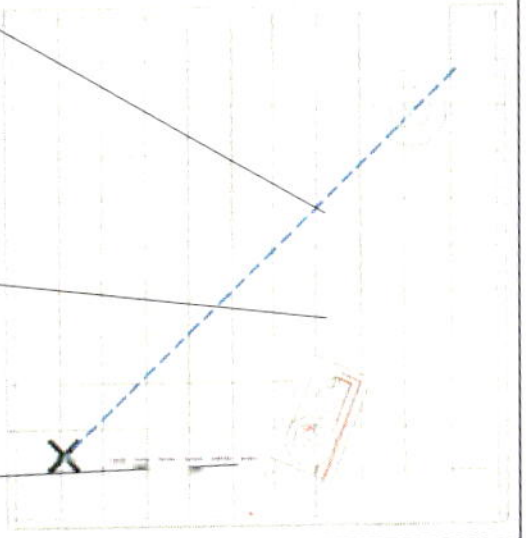

求救信号

在出发前，应当把完整的旅行计划至少告诉一个朋友，这样，如果你长时间未到目的地，人们就会去找你。为使救援工作变得简单，应当学会如何引起空中救援队的注意，这样可以挽救人的生命，尤其是在有人受伤而不能动弹时。

烟雾

在某处出现烟雾通常表示此处有人存在。在空中，地面上的火或闪光很容易被发现。

造烟雾
在没有风的时候，可以向空中喷烟雾以显示你的位置。但是，大部分烟雾在空中飘游，只能显示你的大体位置。

用火光
在看到空中有飞机时再使用火光，把火光点在最高、最显眼的地方，绑在一根长柱子上可以让其更显眼。

地面标记

如果你已经引起了飞行员的注意，你可以在地上用国际通行的简单的地面标记向他传递最基本的信息。只有在情况紧急时才使用这种方法，因为飞行员会根据你的信号作出反应，尤其是在看到“I”信号时。

重伤／需要医生

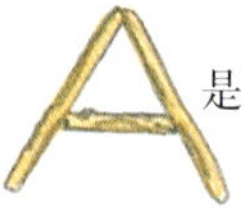

是

需要指南针和地图

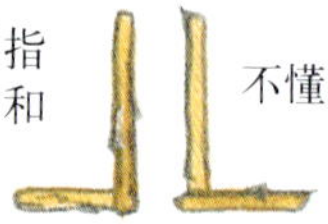

不懂

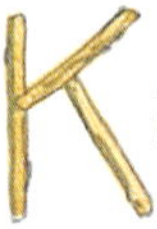

显示前进的方向

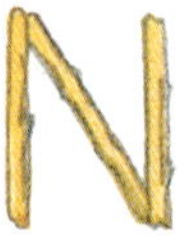

不

正沿此方向前进

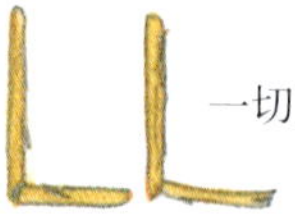

一切正常

需要食物和水

在此能安全着陆

用太阳光

用小镜子或日光仪反射太阳光能引起远处飞行员的注意。

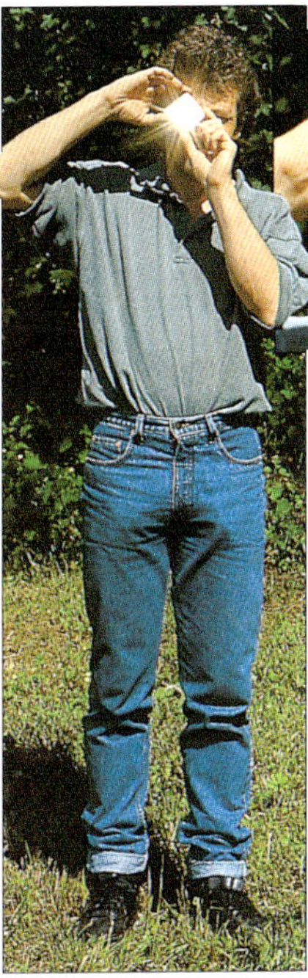

日光仪使用技巧

通过日光仪的小孔瞄准飞机，太阳光通过小孔照在衣服上形成一个反射点，倾斜日光仪使其背面对准太阳光在衣服上的反射点，然后通过小孔把反射点的反射光对准飞机。这种方法比简单的用日光仪上的小孔对准飞机更有效。

警告

即使是微弱的太阳光，经过日光仪反射后也能产生一束强光，强光对准汽车司机或飞行员时能将其眼睛弄花。因此，只有在紧急情况时才使用日光仪，并且注意不要将光线对准一点，而应在汽车风窗玻璃或飞行员座舱前来回晃动。

向直升机发信号

直升机着陆的地面需平整而坚固，并且没有植被、路标塔或其他散乱的物品，以免被飞机上的螺旋桨吸走。取下帽子站稳，一只脚前跨，时刻准备转身。

盘旋／需要机械救援

下降

（挥动右臂）向我的左方

（挥动左臂）向我的右方

向我飞过来

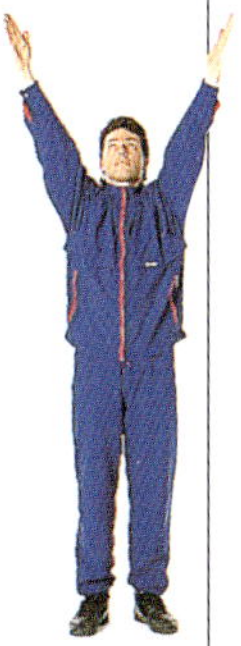

向我飞过来搭我上飞机

旗语

在使用旗语时，让一个人手拿望远镜站在你身边，把远处发来的手势画下来。在打旗语时要留足够的时间给画手势的人，因为发旗语容易，但接收要困难得多。

A

B

C

G

H

I

J

N

O

P

Q

T

U

V

W

D　E　F

K　L　M

R　S

X　Y　Z

摩尔斯式电码

对摩尔斯式电码熟悉的人在接收电码的同时能将信号传送出去。因此，打每一个字母时都要仔细，注意圆点和短横，为避免出错，最好不要边接收边发送。

A	•–
B	–•••
C	–•–•
D	–••
E	•
F	••–•
G	––•
H	••••
I	••
J	•–––
K	–•–
L	•–••
M	––
N	–•
O	–––
P	•––•
Q	––•–
R	•–•
S	•••
T	–
U	••–
V	•••–
W	•––
X	–••–
Y	–•––
Z	––••
1	•––––
2	••–––
3	•••––
4	••••–
5	•••••
6	–••••
7	––•••
8	–––••
9	––––•
0	–––––
SOS	•••–––•••

危险的动物

遇到人类时野生动物通常会躲避。但当它们的幼崽、领地受到侵犯时，它们就会反抗，变得好斗。不要去爱抚或接近动物，也不要去给它们喂食。尤其是不要去招惹猴子，它们会偷东西，被猴子咬伤时伤口有剧毒。甚至农场里的动物也会咬人或踢人，并使你感染狂犬病。

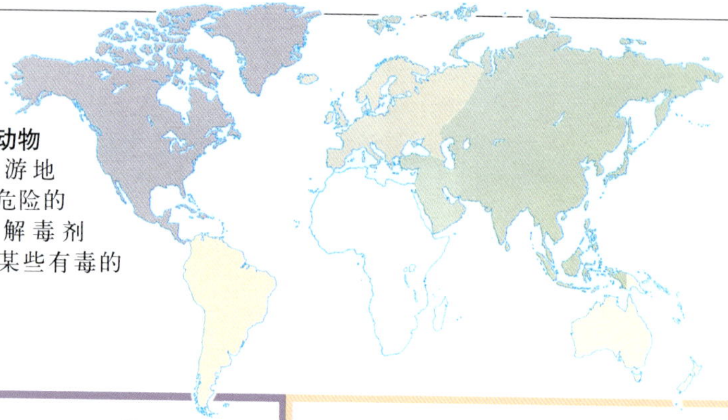

危险的动物
查明旅游地有哪些危险的动物。解毒剂能治疗某些有毒的咬伤。

北美

灰熊
食物的味道会把灰熊吸引到宿营地。

像灰熊、美洲狮和大灰狼之类的肉食动物在北美国家森林公园里很常见。气候暖和的地区有铜斑蛇、银环蛇和褐色的蜘蛛之类的有毒生物。

鳄鱼
鳄鱼会连续几个小时静止不动，然后以惊人的速度捕食。

南美

南美热带雨林地区有很多有毒的昆虫和蛇。有毒树蛙的皮肤上有有毒物质，只有少数毒素能被人类的皮肤降解。野猪、美洲虎也是对人类有害的动物。在南美洲的最南端有公海象，在其发情季节，公海象很具攻击性。

水虎鱼
水虎鱼类用刀刃形的牙齿捕食。

有毒树蛙
树蛙的皮肤上有有毒物质。

欧洲

欧洲很少有危险的动物。蝰蛇为欧洲唯一的一种毒蛇，被它咬伤的话，会引起过敏性休克，就像被大黄蜂、蜜蜂和黄蜂叮过一样。被地中海地区的毒蜘蛛咬伤的话，会有致命危险。

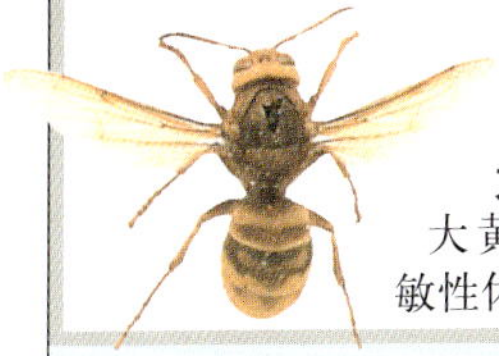

大黄蜂
大黄蜂会引起过敏性休克。

毒蜘蛛
毒蜘蛛会引起肌肉痉挛。

非洲

非洲有很多危险动物，如肉食动物猫、河马，当其被围攻或保护其幼崽时，它们会变得很凶猛。同时，非洲还有树眼镜蛇、鼓腹毒蛇、树蛇等。对旅游者来说，最大的威胁是蚊子发出的瘴气。

鼓腹毒蛇
鼓腹毒蛇的毒牙能穿透衣服咬人。

非洲牛蛙
非洲牛蛙虽然没有毒，但被咬的话会很痛。

亚洲

眼镜蛇
有些眼镜蛇会喷射毒液。

在亚洲，对人类有危害的生物生存在东南亚的热带森林里，那里仅居住着本土部落的居民。危险生物有河口鳄鱼、金环蛇、眼镜蛇、黑背蜘蛛等。

老虎
在亚洲东南部的丛林中有这种可怕的肉食动物。

澳大利亚

蜘蛛
11 月至次年 3 月份蜘蛛活跃，有致命的危险。

世界上的大部分有毒的危险动物生活在澳大利亚。大部分都生存在内地沙漠或周围的海边。被毒蛇咬或蝎子叮后，人在几个小时内就会死亡。在海岸上，石鱼和死河豚有剧毒。

蝎子
蝎子的弓状尾巴里有致命的毒液。

避免冲突

与当地人交往时最好是当旁观者，如果不懂当地的语言或风俗的话，经常会造成无意的冒犯。为避免发生尴尬，最好是变得敏感一点。

女游客

虽然不存在性别歧视，但两性之间有时的确不平等。有些地方的妇女不见客或不与男人接触。有些人对外国客人过分地殷勤，有些则怀有敌意。穿着应朴素大方以免格外引人注目。

警告

- 穿着适当，与当地的风格相和谐，留意当地妇女的衣着打扮。
- 不要与男人眉目传情，以免被误认为是在引诱。最好藏一副墨镜。
- 不要与当地男人或你不熟识的外国人聊个不停。
- 在性保守的地方，在大街上最好是显得冷淡点，以免被误认为很放荡。
- 在有些国家，男人根本不和女人交谈，你必须获得他们的尊敬，让他们认为你是“体面的人”。

文化差异

在旅行时，注意当地的男人与女人是如何交往的，并模仿他们的举止和问候手势，但要注意一定要认真并且很虔诚，这样人们会肯定你是在使自己尽量适应他们的习俗。

手势

相同的手势，在不同的地区含义也不尽相同，所以打手势时一定要谨慎。耸肩意味着不懂，这在全世界都是相同的。但有些手势，在你看来无妨，但在别人看来则多有冒犯或猥亵之意。

眼神

在大多数西方国家，在与陌生人交谈时，大部分时间都盯着对方的眼睛；但在世界上另外一些地区，谈话时盯着对方被认为是对对方的冒犯和不尊重。

拍照

在照相时，尤其是在给人拍照时，过分的热情会引起不满和怨恨。应该得到许可后再拍，但如果要求你为拍照付钱时，你要决定到底拍不拍。在拍照时，注意尽可能不耽误他人的时间。

引起好奇
摄影的人通常会激起别人的好奇心，因此应当注意。可以让他人握住你的相机通过镜头观看，但要自己拿住背带，当每个人都试过一回以后，再为他们拍照就显得自然多了。

挑衅
拍某些照片时可能会给你带来很大的麻烦。为女人拍照时，她们的丈夫会不满。在拍摄工厂、飞机场、桥梁或政府建筑时，可能会被误认为是间谍。因此在拍照前，应权衡利弊。

大使馆

大使馆通常设在首都，在省会城市通常有领事馆。之所以建立大使馆或领事馆并不仅仅是为本国旅游者提供帮助。你在遇到困难或有事要咨询时，可以向大使馆或领事馆请求帮助。如果在旅游地没有本国的大使馆，可以去找另外国家的大使馆。大使馆会借给你回家的路费，去监狱探望你或转交从家里寄来的钱。但不要期望大使馆能为你解决所有困难。你可能会受到当地法规的约束，要去当地的医院治病。生病要回国治疗的话，大使馆会替你安排并为你出钱，但所有的费用仍要你偿还——这也是为什么要投医疗险的另一原因。

国家的形象代表
一个国家的大使馆代表着整个国家的形象。大使馆的人须穿着得体，说当地语言，并尽量与所在国保持良好的关系。去大使馆时穿着应整洁得体。

急救措施

在野外发生意外时，很难找到专业的医疗救援。如果是单独外出旅游，你可以随身携带一个急救箱以治疗一些小的伤口。但是当出现体温过低或摔跤引起休克或呼吸停止时，就应该懂一些医疗的基本知识和技巧。

以下将介绍一些最实用的急救措施：从小水泡的处理到大出血的治疗。

急救是一种切实可行的医疗技巧，如果受过专门的培训的话，那效果则会更佳。出发前，背包旅行团的每一个成员都必须参加义务救援组织开办的急救培训班。

苏醒ABC

如果病人处于昏迷状态，应当检查一下他的心肺功能是否正常，ABC分别代表呼吸道（A）、呼吸（B）和血液循环（C），按照以下三个步骤检查病人的ABC。如果怀疑病人的背部或颈部受伤，则应注意不移动他的头，并尽快将其头部固定。

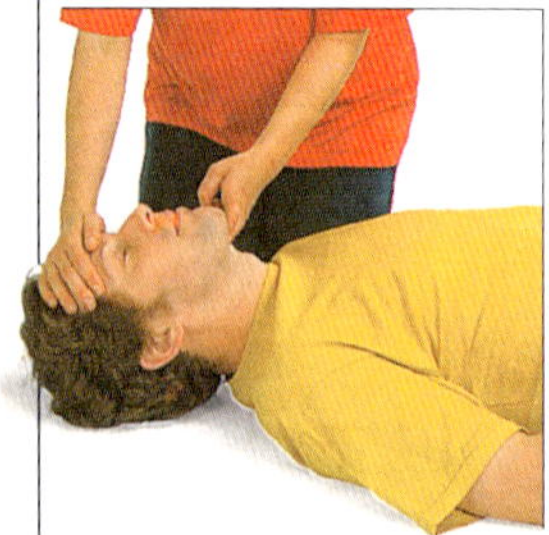

1 掰开病人的嘴巴，把口中的阻塞物去掉。然后检查其呼吸道：一只手放在病人的前额上，另一只手的两个手指抬起病人的下巴，使头部向后仰。

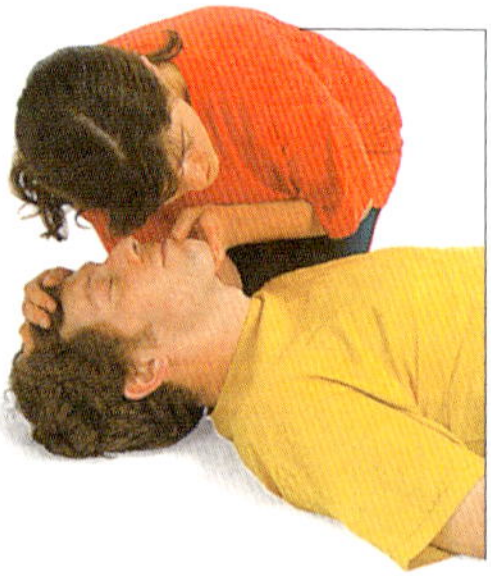

2 检查病人的呼吸。将脸颊贴近病人的嘴巴和鼻子约5分钟，感觉他的呼气。同时注意观察病人的胸部运动，判断病人的肺功能是否正常。

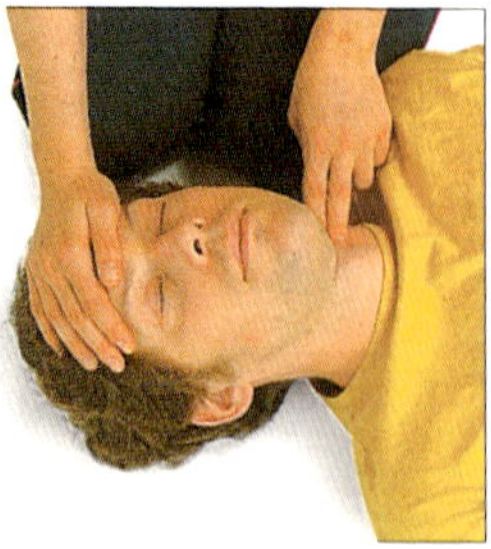

3 测气管处的脉跳次数以检查病人的血液循环，测5秒钟。如果有脉跳和呼吸，将病人按复苏姿势摆好（见第147页）。如果呼吸停止了，则对其施行人工呼吸。如果既无呼吸又无脉跳，就开始进行CPR（即心肺复苏）治疗（见第148页）。

复苏姿势

如果病人昏迷不醒，则最好将其按复苏睡姿摆好，这样，病人的舌头就不会堵住喉咙，口水从口中流出，以保证其呼吸道通畅。

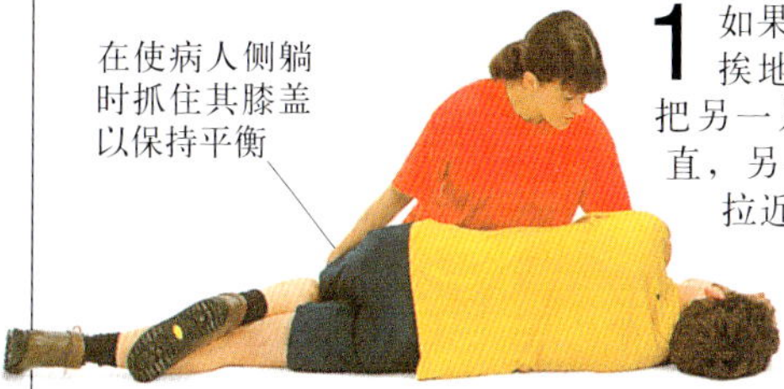

1 如果病人昏迷不醒但仍有呼吸，就把挨地的手臂抬至身体处的适当地方，把另一只手臂与脸颊靠近。挨地的腿放直，另一条腿弯曲。把病人的大腿向你拉近，病人侧躺。

2 把病人的头部放置在地面上并向后仰，腭部向前以保持呼吸道畅通。如果可能的话，把病人的手枕在头下。

人工呼吸

人所呼出的空气中氧气占16%，通过做人工呼吸，可以促进病人的血液循环。如果病人停止了呼吸但还有脉跳，则每分钟做10次，直到病人能够自主呼吸。

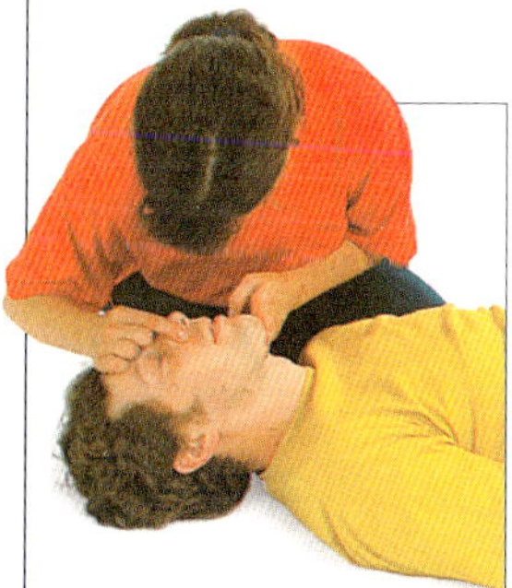

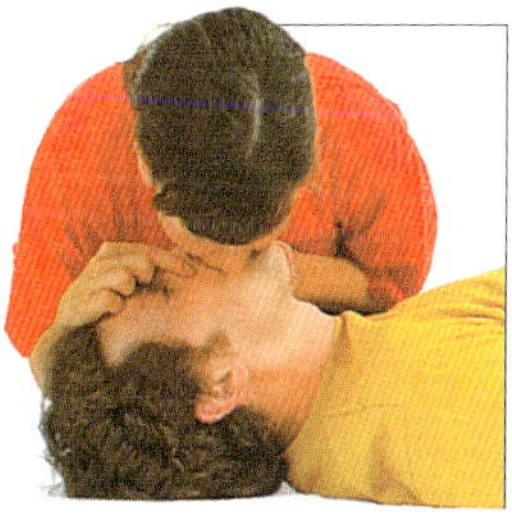

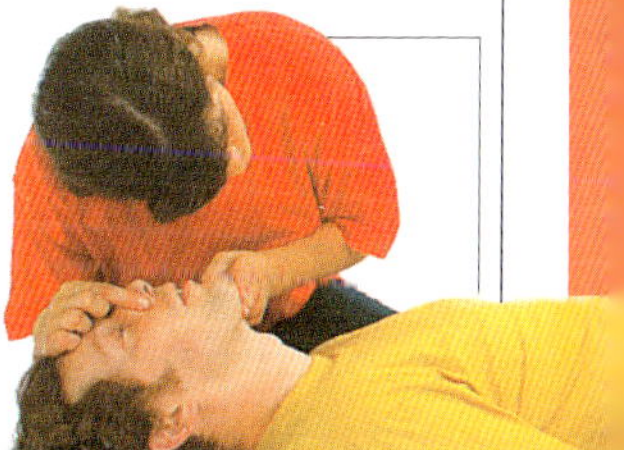

1 让病人平躺在地面上，为保证其呼吸通畅，要把口中的阻塞物去掉。把一只手放在前额上，捏紧鼻子，另一只手放在下巴下面，使头略微向后仰。

2 用拇指和食指捏紧病人的鼻子，嘴对嘴将空气吹入病人肺部，持续2秒钟。然后停止吹气，让病人的胸部完全瘪下去。

3 重复步骤2，每分钟做10次，直到病人能自主呼吸为止。测其脉搏，如果脉搏停止，就对其施行心肺复苏治疗（见第148页）。

心肺复苏治疗

心肺复苏治疗（CPR）能提供人工血液循环并使肺部通气。治疗包括按压胸部促进血液循环至头部和人工呼吸维持血液含氧量。

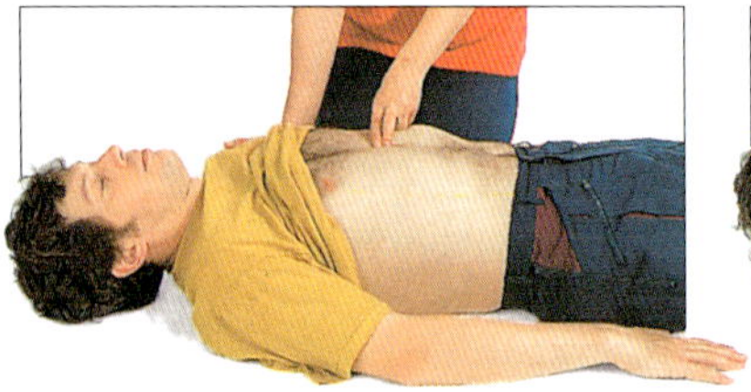

1 让病人躺在坚实的平面上，用食指和中指探摸位于最下方的肋骨，然后手指向上移动，直到中指触摸到肋骨和胸骨的交接处。

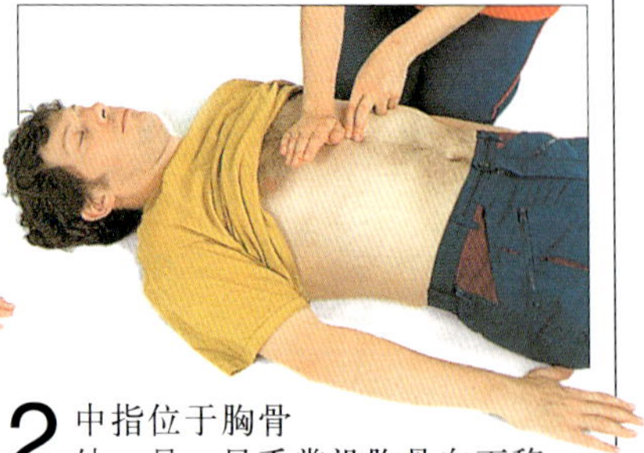

2 中指位于胸骨处，另一只手掌沿胸骨向下移动，直到与你的食指接触，在这个地方按压胸部。

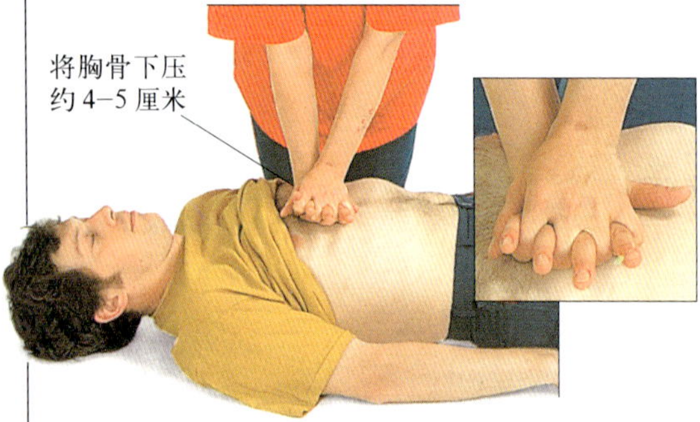

3 双手重叠，手指相扣，手臂伸直用力向下压，然后放松，但不要将手移开。重复 15 次后做 2 次人工呼吸（见第 147 页）。

休克

各组织的氧气和养分供应不足，会导致全身血流量减少从而引起休克。如果病人得不到及时的治疗，其重要器官就会停止工作，导致死亡。

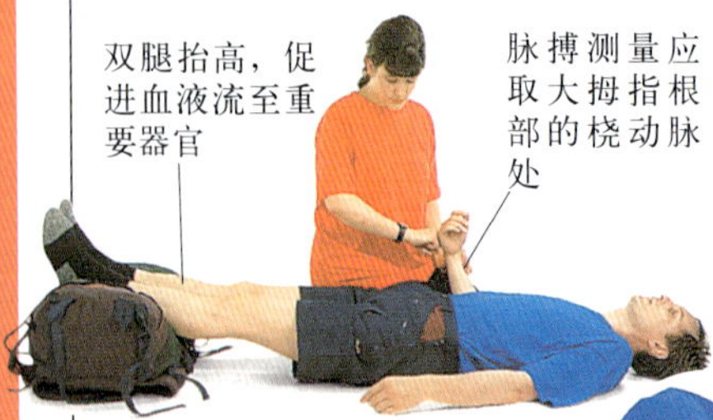

1 把双腿抬高（略高于头部），使其保持清醒。解开衣物，让病人放松，然后测量其脉搏。

2 在病人的背部和胸部盖上睡袋或大衣。测量其呼吸及心跳，尤其是当病人失去知觉时，如果呼吸和心跳停止，施行心肺复苏治疗（见上文）。

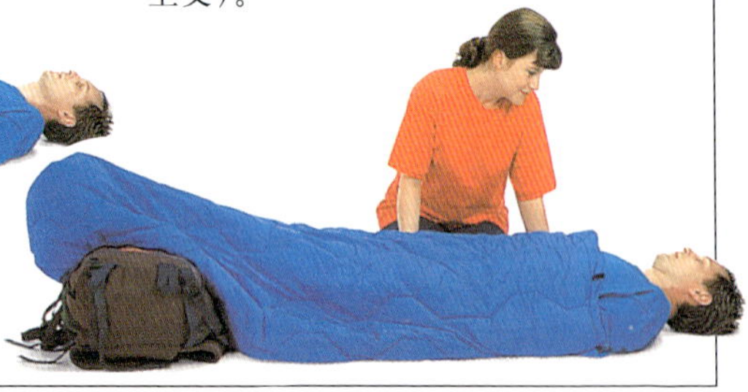

烧伤和烫伤

由炉子、火和开水引发的事故通常会导致烧伤和烫伤。迅速采取行动能阻止组织进一步坏死，因此应立即阻止燃烧，减轻疼痛和肿大，防止伤口感染。粘在烧伤处的任何东西都不要除去。

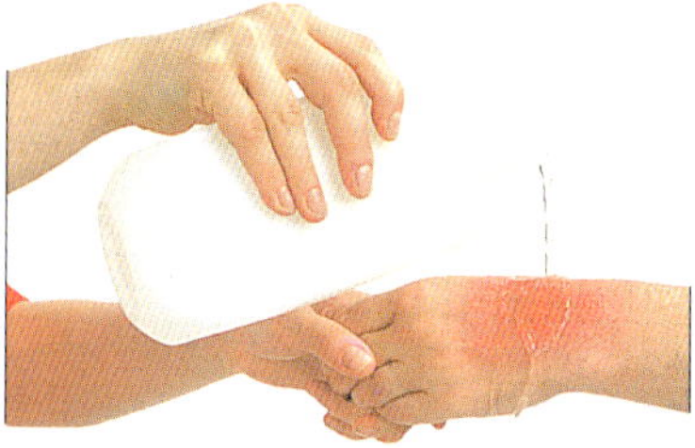

1 为阻止燃烧、减轻疼痛，向烧伤部位倒冷水，至少持续 10 分钟。如果你所带的水不够的话，向烧伤处倒的水流可以细一点。

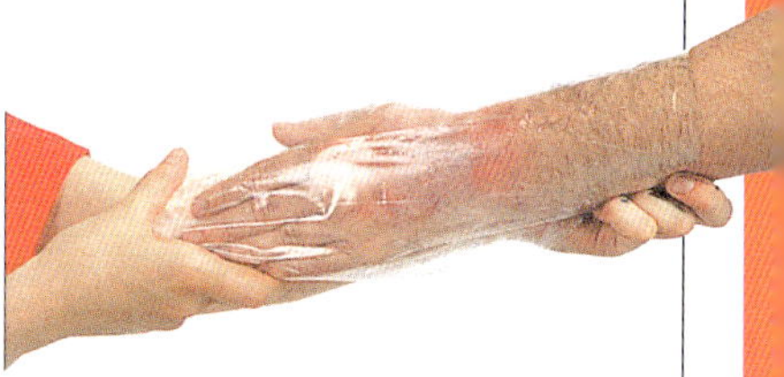

2 防止伤口感染很重要。如果你没有携带其他东西，可以用一个干净的聚乙烯袋包住伤口。

3 尽快在伤口上垫上纱垫并用绑带绑好，但不要绑得太紧。不要用黏性的敷料或橡皮膏，也不要在伤口处涂洗液、软膏、乳剂或油脂（如黄油）。如果有水疱，不要挤压也不要刺破，因为它们能保护下面的皮肤免受感染。

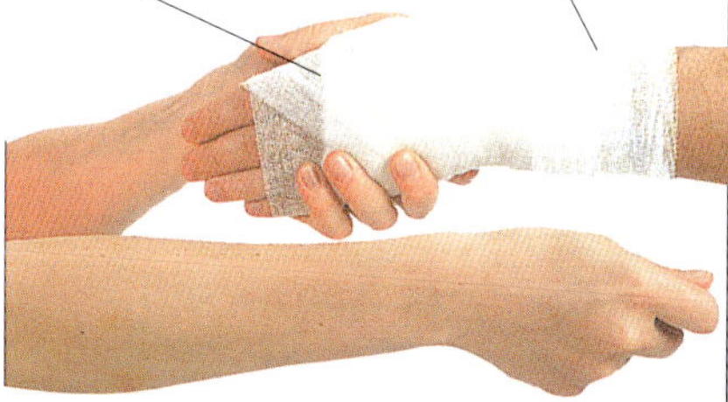

晒伤

如果受太阳直接照射的时间太久，皮肤会发红、发痒、变软甚至起泡。在海拔高的地方，即使是在阴沉的天气里，皮肤也会被晒伤。水面和雪对太阳光的反射会加剧晒伤。

1 治疗前，让病人转移到阴凉处。然后用一块软布蘸凉水轻轻擦拭皮肤。

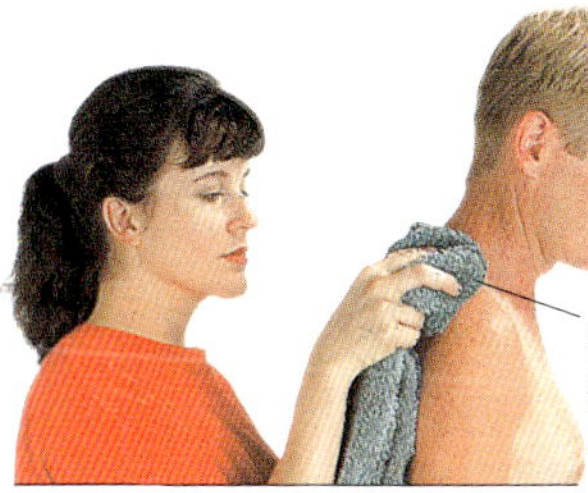

2 给病人喝水并继续用凉水擦拭皮肤，炉甘石或防晒剂有助于治愈轻微的晒伤。

中暑衰竭

头痛、头晕目眩、昏迷、恶心、抽筋、脉搏细而快、气喘为中暑衰竭的症状，是由于排汗过多使体内的盐分和水分流失而引起的。不适于在湿热环境下做剧烈体育运动的人最容易中暑衰竭。

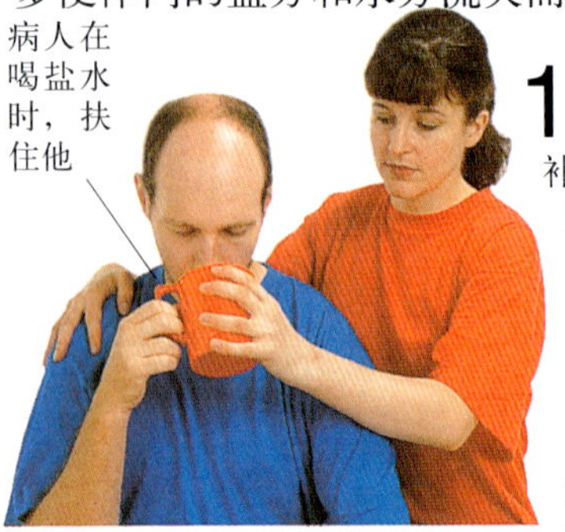

1 把病人转移到阴凉处。帮助他喝大量的盐水（按每升水放一匙盐配制盐水）以补充盐分和水分。如果病人昏迷不醒，可以使其按复苏姿势躺好（见第 147 页）。

2 病人喝了大量的盐水后，让其休息一会，将其脚部抬高（略高于头部）以促进脑部血液循环，并把盐水放在其手边，可以随时饮用。

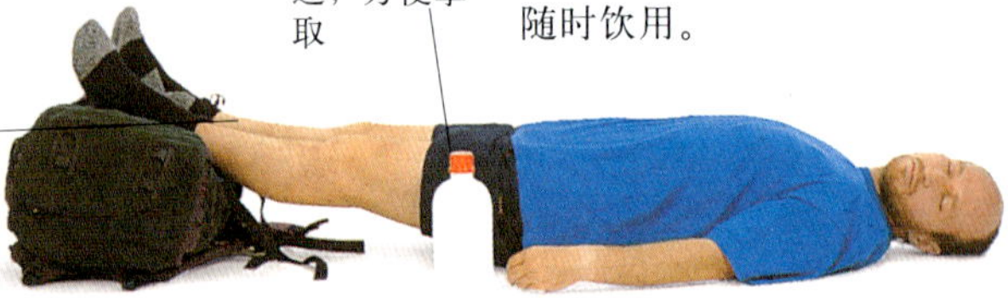

中暑

在高温下，脑内的“恒温器”会失效，导致体温超过 40℃。中暑的症状包括：头痛、头昏、目眩、皮肤发热发红、脉搏快、失去知觉。

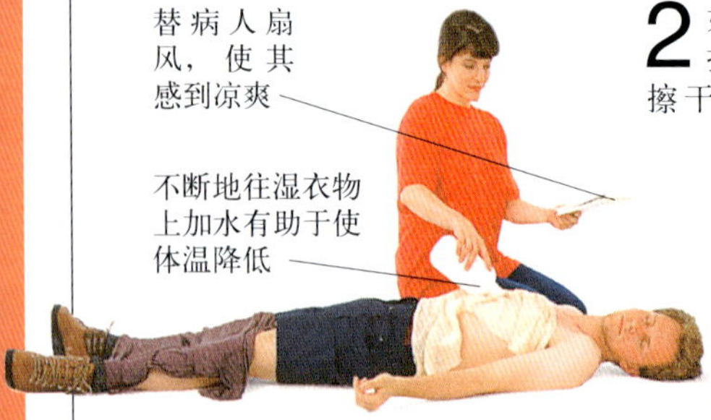

1 首要任务是尽快替病人降温。把他转移到阴凉处，脱掉他的外衣让他躺下来。把浸水的湿衣服或长方形的湿睡袋盖在病人身上。如果病人失去知觉，判断一下是否需要施行复苏术。

2 如果病人的体温降至正常，可以把盖在身上的湿物移开，并替他擦干以免着凉。继续用扇子为他扇风。当其体温又开始上升时，重新盖上湿的衣物。

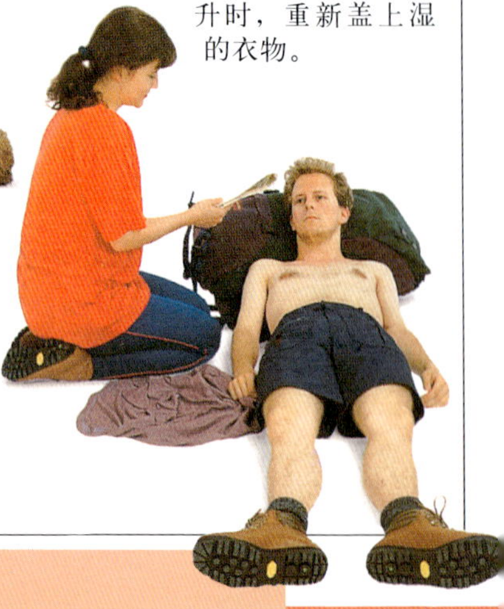

体温过低

当人的体温降至35℃以下时，即为体温过低，应当尽快采取措施使其体温恢复至正常（37℃）。把病人放在阴凉的地方，脱下病人身上的湿衣服，换上干衣服，最好让他躺在睡袋里。如果没有适合的地方安置病人，可以脱掉病人身上的湿外套，换上暖和的干衣服。如果有温水的话，让他喝一杯温水以使其体温逐渐升高。

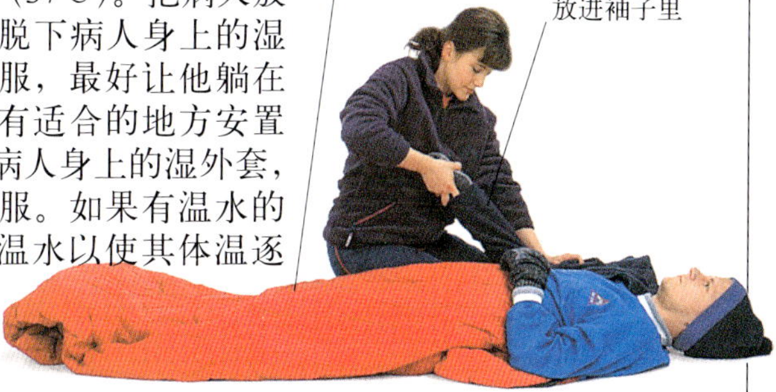

冻伤

长时间处于严寒环境，四肢会冻伤。轻微的“冻疮”很快会好，但如果严重的话，会造成冻伤组织长期受损，甚至丧失功能。

1 冻伤的手或脚有“针刺感”并会变得苍白、僵硬，失去知觉。把病人转移到足够暖和的地方，很小心地脱掉病人的鞋袜并检查一下伤处。

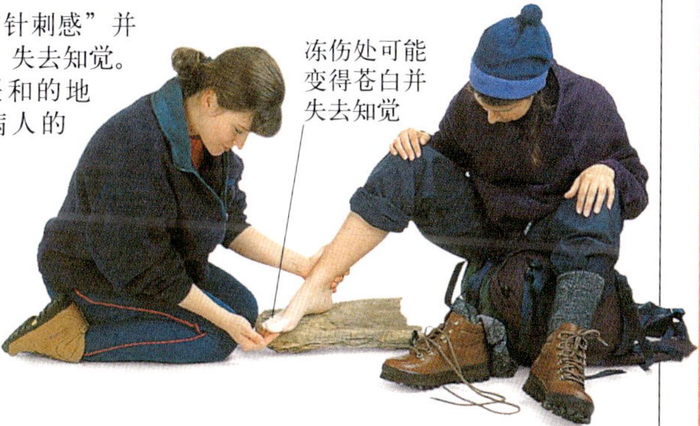

警告

- 冻伤时常出现体温降低，应该尽快治疗（见上）。
- 如果可能的话，不要用冻伤了的脚走路。并尽量避免受伤处运动。
- 不要摩擦受伤处，也不要把热的物体放在上面以免烫伤。

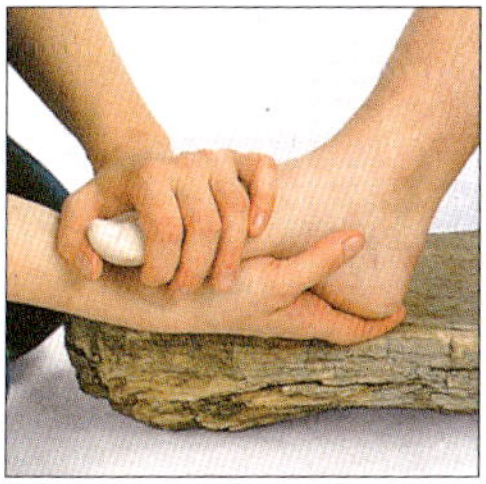

2 用你的手或衣服的下摆温暖受冻处。可以把病人的手放在他自己的腋窝处取暖，脚放在营救者的腋窝下。

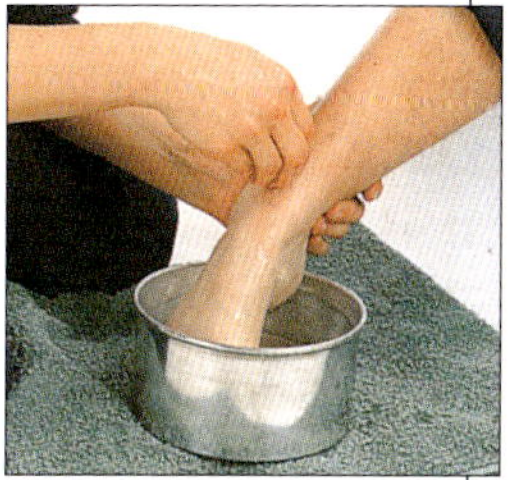

3 如果受伤处没有恢复至正常的颜色，可以把它泡在温水中，并仔细将其擦干，用敷裹布包起来，绑好。

大出血

大出血很恐怖，应克服恐惧，立即对病人施行苏醒治疗（见第 146 页）。可以通过直接或间接加压及抬高受伤部位来控制出血。控制出血会减少感染和休克的可能性(见第148页)。

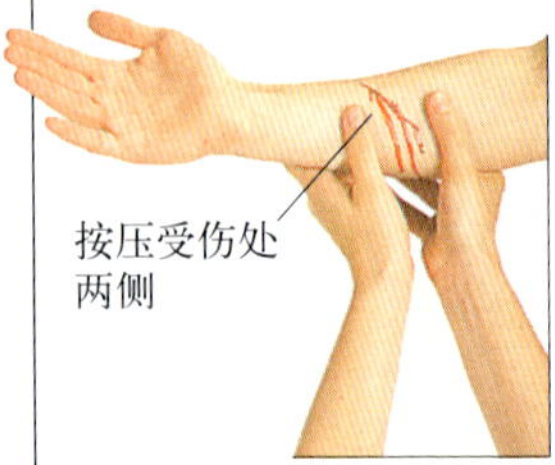

1 露出伤口，用力按住伤口的两侧。如果伤口处有异物，把皮肤往有异物的一侧挤压。

警告

内出血很严重，虽然内出血时血不会流出体外，但血液在体内并不参与血液循环，会引起休克。另外，淤积的血会使肺部或大脑的颅压增大。如果病人出现内出血的话，应时刻监测其病情。

2 病人平躺在地上，检查受伤的四肢是否骨折。然后把病人受伤的胳膊抬高，在伤口处放上纱布垫或干净的敷裹布，并用手指或手掌按住，以控制流血。

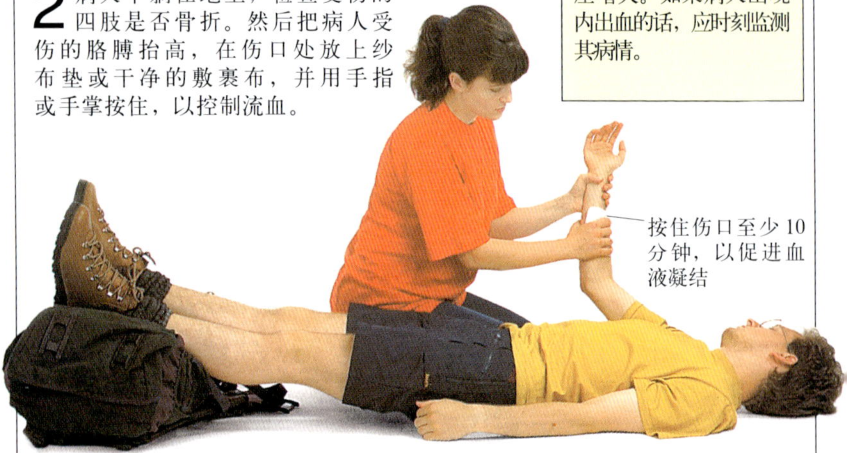

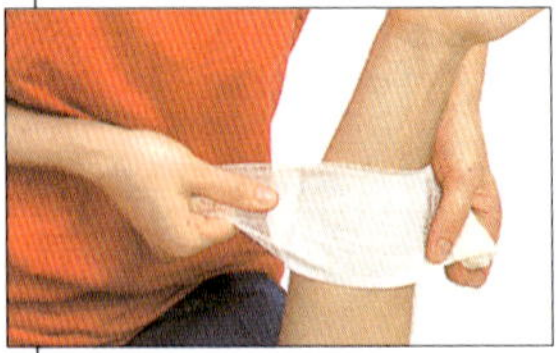

3 在伤口处放一块消过毒的敷裹布（如果没有敷裹布的话，干净的布料也可以)，在绑扎时，应抬高手臂，如果没有敷裹设备，可以用手按住伤口直到不再流血为止。

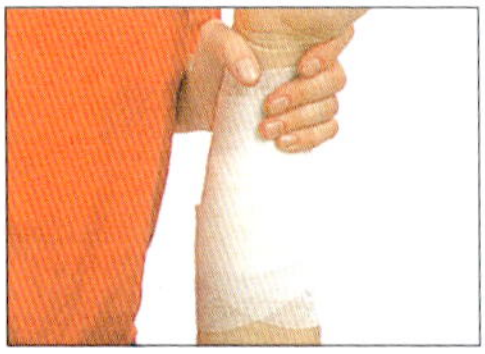

4 包扎伤口，但不要过紧以免影响血液循环。如果血液从绷带溢出，可以用另外一块纱布绑在上面。有异物时，在异物两侧用纱布块堵住，直到不用按住伤口就能进行包扎。

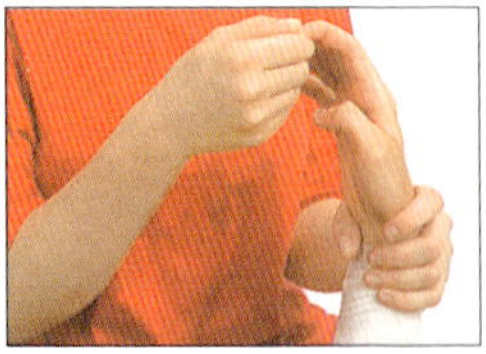

5 除包扎伤口外，还应检查血液循环情况。按住指甲处或手上或脚上的皮肤，直到它们变白，然后松手。如果正常的话，其颜色应立即能恢复正常。如果指甲或皮肤仍呈白色，则表明敷裹包扎得太紧，应放松些。

足踝扭伤

足踝扭伤不同于骨折，后者指至少一块骨头被折断，而前者指软组织受伤，治疗方法很简单。移动腿部或在腿上放置东西时，足踝扭伤会加重。足踝扭伤时常出现足踝肿胀。

1 韧带扭伤、肌肉扭伤及淤伤时，通常采用 RICE 四个步骤，即：休息（R）、冷敷（I）、紧绷（C）、抬高（E）。在受伤后，放置好受伤处并将其稳固好。

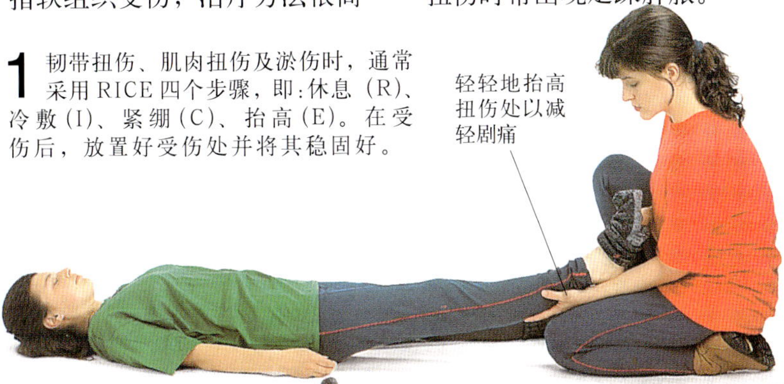

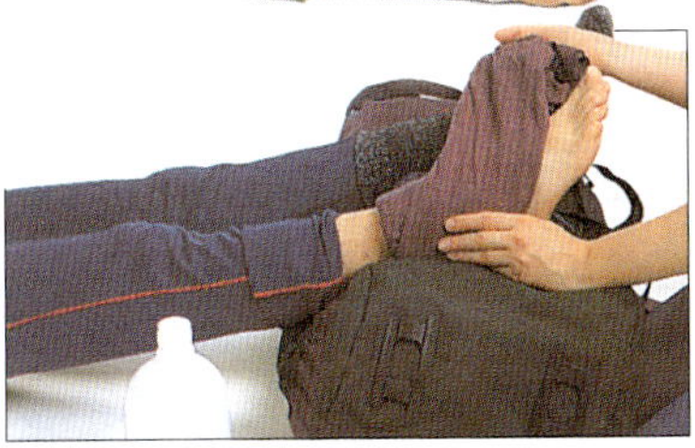

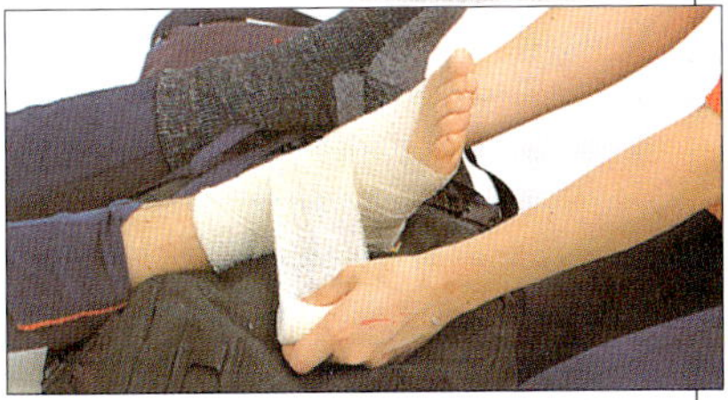

2 如果有冰的话，用布包好按在受伤处。如果没有冰的话，可以用在冷水中浸泡过的布。

3 绷上带衬垫的绷带，将受伤的腿固定好。每 10 分钟检查一次血液循环情况。

水泡

不要去触动水泡，否则会导致皮下组织感染。小心地清洗水泡，敷上纱垫以免靴子挤破水泡。

1 用消毒水小心地清洗水泡四周，可防止水泡包扎后破裂感染。

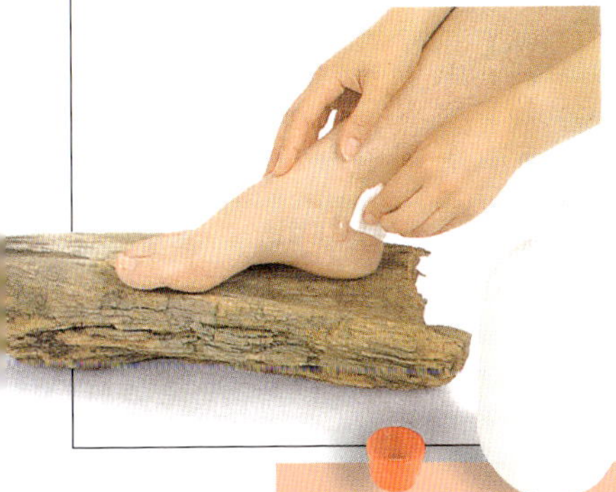

2 小心地擦干四周，注意不要把水泡弄破了（如果水泡已经破裂，就要把破皮去掉），用一块大的干净的敷裹布贴好伤口，应尽量不使靴子直接与水泡相摩擦。

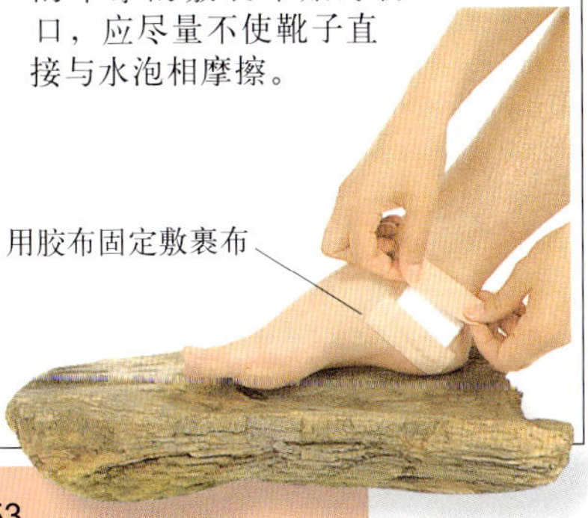

眼中异物

眼白处的任何异物都很容易去掉，粘在眼内、眼球上或眼黑处的异物不要随意去掉。

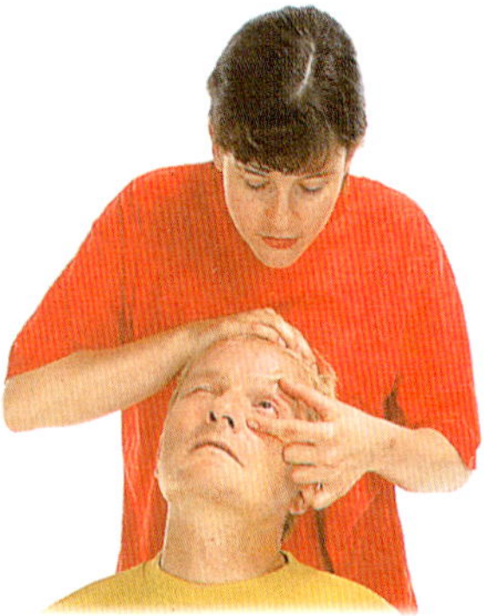

1 建议病人不要擦眼，让他对着光坐好，用你的食指和拇指掰开病人的眼睑，检查异物在什么地方。

2 如果看得见异物，用水瓶或水杯里的干净水将其冲洗出来。如果冲洗不成功的话，可以用湿棉签或湿的织物的角边或干净的手帕将异物清除出来，注意不要按压异物。

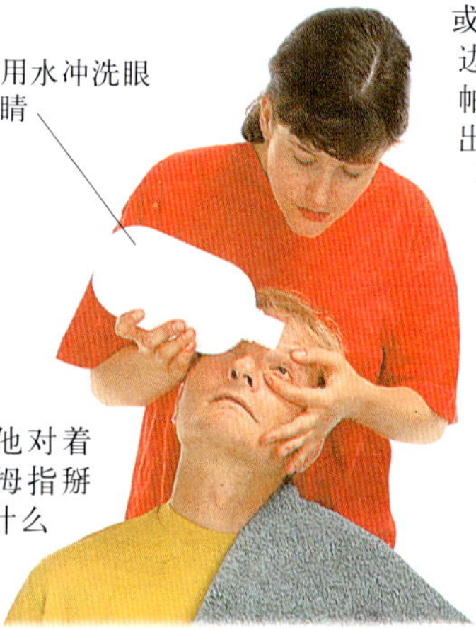

眼部受伤

外物直接打击眼部或粗沙、玻璃碎片击中眼部的话，眼部会被划伤或变青肿。受伤的眼睛会很痛，引起视觉不清或眼睛充血。眼球可能会被刺破，视觉会受到损害。

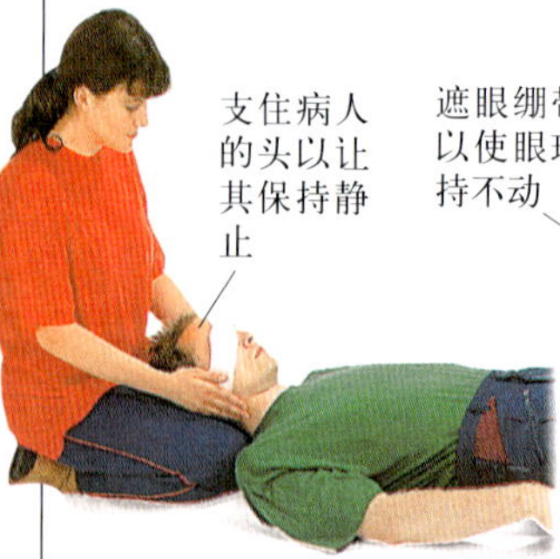

1 让病人仰卧，头部保持不动，不要转动眼球，否则伤口会进一步恶化。轻轻地把纱布垫放在眼睛上。

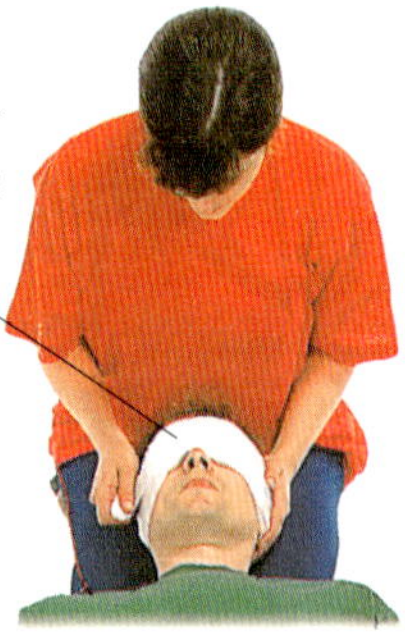

2 用绷带绑住双眼，固定纱布垫并防止病人转动眼睛。病人可能会觉得不舒服，在绑绷带前让其放松。

警告

所有的眼伤都很危险。眼睛表面擦伤也有可能导致伤痕或引起感染，甚至引起视力下降。眼睛刺伤会使眼球破裂。这一类眼伤很危险，虽然现在医学发达，有治疗的可能性，但仍不可大意。

耳中异物

耳道中有异物堵塞时会导致暂时性耳聋。昆虫进入耳道后在里面蜂鸣或飞动，引起病人惊恐不安。在耳中倒入温暖的油滴会粘住昆虫，但最安全的办法是把湿热的水倒入耳中让其浮出来。不要去戳耳朵，因为可能适得其反，使异物进入更深。

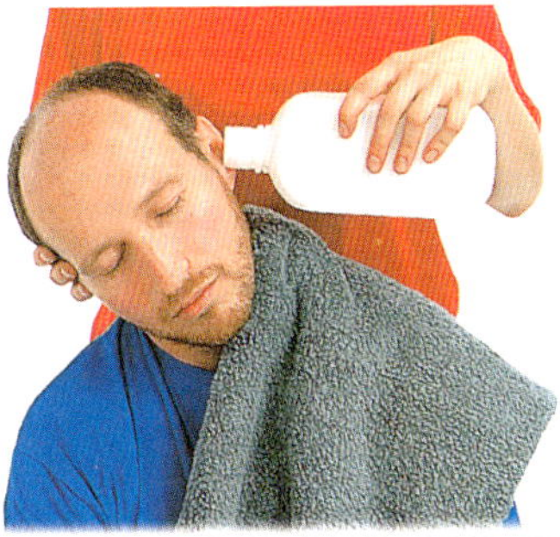

流鼻血

在高海拔地区，旅行者易出现鼻孔流血。病人应当坐下来，头向前伸以免鼻血流入喉咙。病人自己捏住鼻梁下部至少10分钟，松开一下后继续捏住，每次捏10分钟，直到不流鼻血为止。

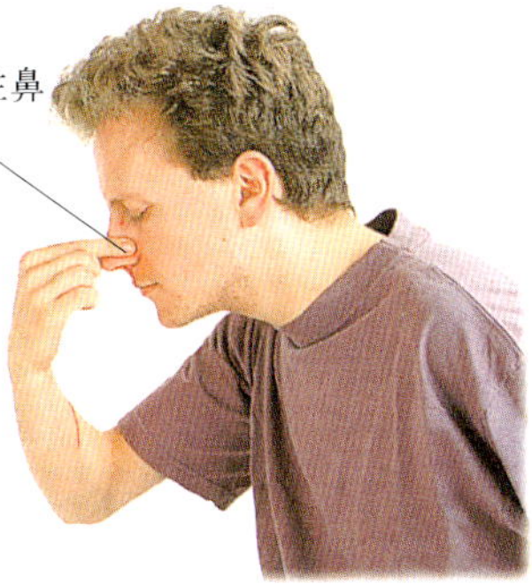

痉挛

痉挛为一种很疼的突发性肌肉抽搐。因过度的锻炼，如走路、游泳、体内盐分流失或出汗后水分流失引起。抬起病人的腿，膝盖伸直，可以缓解大腿后侧痉挛。如果大腿前侧痉挛，则可以使其膝盖弯曲。在任何情况下，均可用手指按摩痉挛处的肌肉。

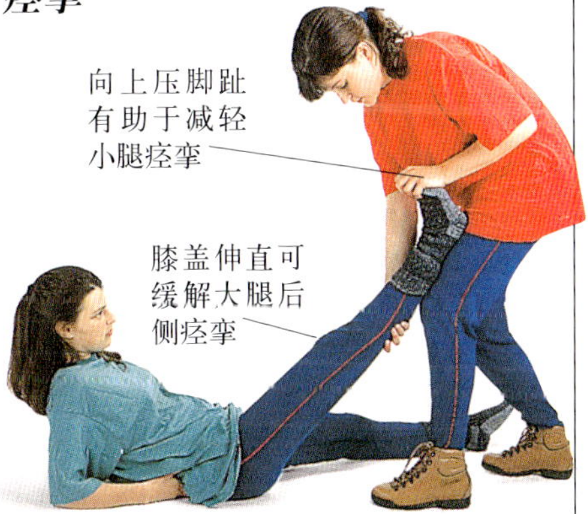

腹泻和呕吐

腹泻和呕吐能导致体内严重脱水。喝水合溶液能确保体内的水分保持平衡。水合溶液由一匙盐、一匙糖和一升水调和而成。

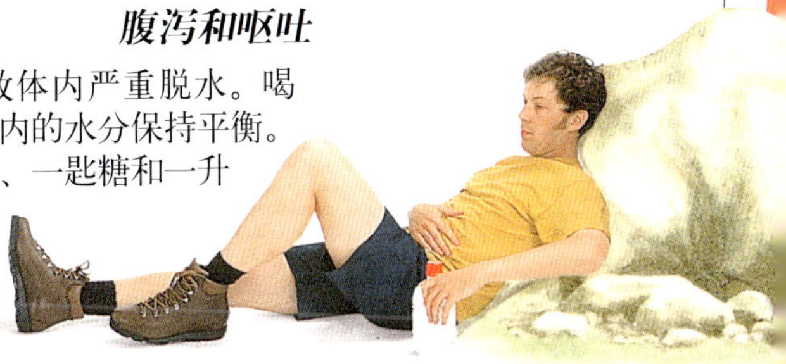

动物咬伤

动物咬伤会引起细菌感染。因此，为安全起见应接种破伤风疫苗（见第 17 页）。携带狂犬病毒的动物嘴边有泡沫或表现异常，但有些看上去很正常，因此，在被任何动物咬过后都应立即治疗。

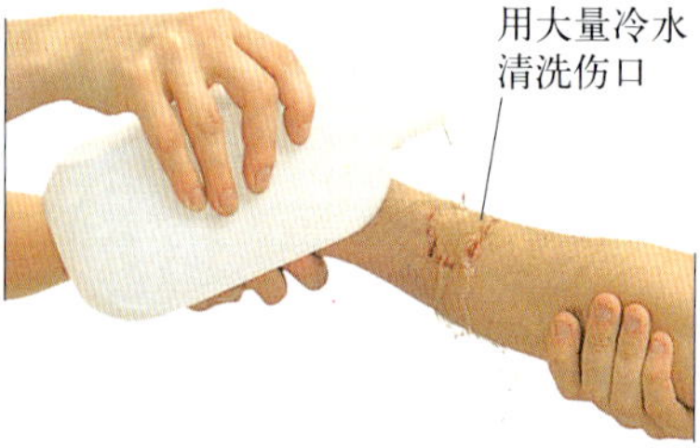

1 被动物咬后，皮肤破损，细菌会深入到皮下组织。可以用冷水清洗伤口 5 分钟以上，可防止感染。

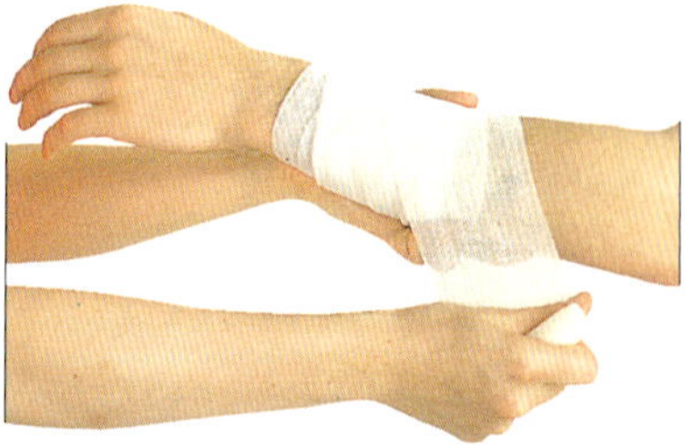

2 如果咬痕很深并出血，用纱布垫按压伤口止血，抬高伤口，使其略高于心脏处并用绑带固定好纱布垫。

蛇伤

被毒蛇咬过的伤痕周围会剧痛并发红变肿，同时会引起恶心和呕吐、视力模糊、流涎或出汗，并会出现呼吸困难甚至停止。应把伤口清洗干净以免伤口感染。

1 被蛇咬过后，病人可能会感到很恐惧。让他躺下并劝其冷静。恐惧会使心跳加快，毒液在体内也会迅速扩散。如果你了解蛇毒不是很严重，则可以用肥皂水清洗伤口。如果有剧毒，则应立即按住伤口。

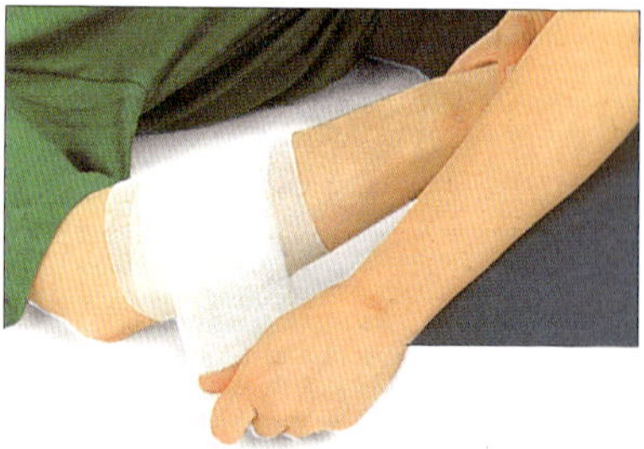

2 用止血带包扎好伤口，或尽量把毒液吮吸出来。让病人躺着，不要将伤口处抬高。

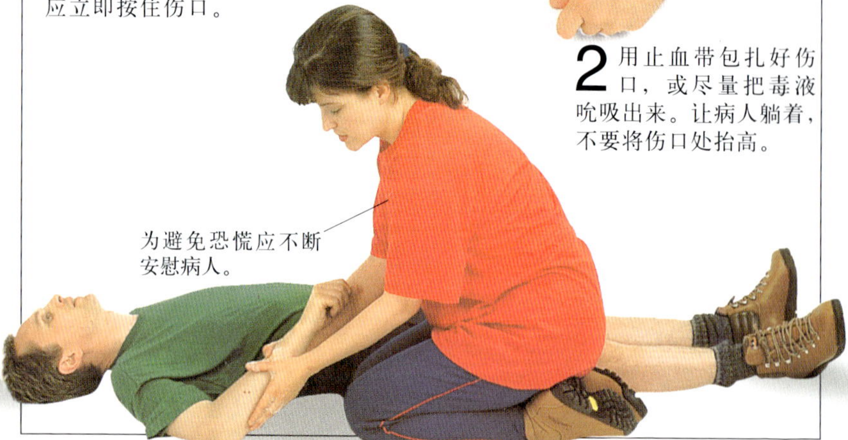

昆虫叮咬

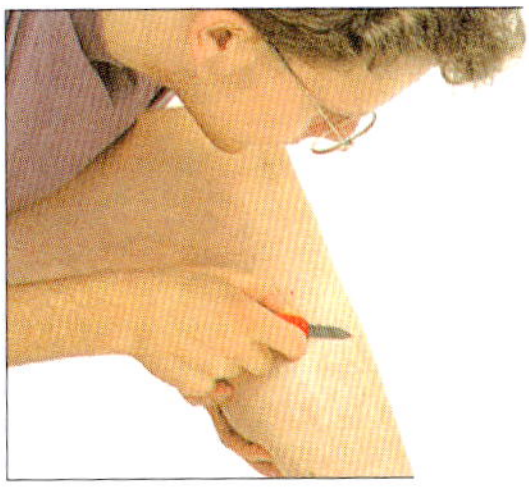

被蜜蜂、黄蜂或大胡蜂叮咬后，最初会感到疼痛，接着伤口会肿大并发炎。蜜蜂叮咬后通常在伤口内留有刺囊，应该用刀片将其刮出，用香皂和水清洗伤口。被叮咬后容易过敏性休克的病人应该携带药物，并告诉旅行团里的其他人如何在紧急情况下给自己使用这些药物。

危险的疾病

背包族会面临许多致命的疾病，这些疾病由感染细菌或病毒引起。接种疫苗、注意饮食和饮水卫生有助于保护自己。

危险疾病

病名	地点	传播途径	症状
艾滋病	全世界，尤其是在非洲	血液、性交、皮下注射针头	最初几个月内无明显症状
霍乱	非洲、亚洲	极差的卫生条件	恶心、腹泻、呕吐、抽筋、脱水、休克
甲肝	全世界	甲肝病人的粪便	冷、发烧、无生气、胃口不佳、黑尿、白色的粪便
急性骨髓灰白质类	暖和的气候	患者的粪便	畏冷、喉咙痛、胃口不佳、严重时头痛、瘫痪
伤寒	墨西哥，远东地区、非洲	含有伤寒患者粪便的水	头痛、腹痛、发烧、便秘
黄热	中美和南美	蚊虫	头痛、发烧、四肢痛、呕吐、出血、精神错乱
疟疾	远东地区、非洲、中美和南美	蚊虫	发烧、畏冷、颤抖、头痛
瘟疫	全世界	跳蚤、患瘟疫的啮齿动物	发烧、淋巴肿胀
狂犬病	全世界	患狂犬病动物的口水	发烧、胃口不佳、过度兴奋、口渴、惊骇
破伤风	全世界	进入伤口处的孢子	发烧、肌肉痉挛、极度恐惧、窒息、牙关紧闭

索 引

（按汉语拼音字母次序排列）

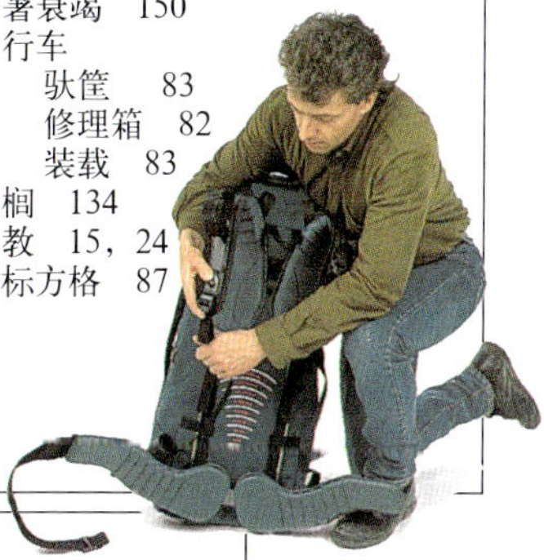